哲学原理

〔法〕笛卡尔 著
陈启伟 译

René Descartes
PRINCIPIA PHILOSOPHLÆ

本书根据《笛卡尔全集》拉丁文版 Léopold Cerf 1905 年版，
及 L'abbé Picot 法译本 1724 年版译出

目　录

给本书法文版译者的信（代序）··· i

第一编　论人类知识的原理 ·· 1
第二编　物质事物的原理 ·· 39
第三编　论可见的世界 ·· 56
第四编　论地球 ·· 68

给本书法文版译者的信
（代序）

先生：

您劳心费力对拙著《哲学原理》一书所做的翻译是如此之明白晓畅、完美精到，令人可以期望从法文本读此书者当多于拉丁文本的读者，而且人们对之会有更好的理解。我唯一的担心是，这个书名会让很多缺乏文化教养的人或者那些由于不满意其受教的哲学而贬抑哲学的人望而生畏，因此我想最好加写一篇序言，向人们说明此书的题材、我写此书的目的以及人们可由此得到的益处。诚然我对于这些事情知道得比其他任何人都多，因而应该写这个序言，但我能做的不外乎将一篇序言似应论及的一些主要之点略加概述而已。至于在您看来其中有多少东西适于告诸公众，则悉听尊意定夺。

首先，我想从最普通的东西谈起，说明什么是哲学，例如，哲学一词意指对智慧的研究，而智慧并非仅指行事作为之明智，而且指在修身处世、摄生保健以及诸般技艺之发明创造等人所能知的一切事物方面具有完善的知识。为使这种知识达到高度完善，则必须从一些始初原因将其推导出来；因此，为了研究这种知识之获得（所谓哲学思维的本义即在于此），我们必须从对这些始初原因的探求着手，也就是从对诸本原的探求开端。这些本原应当具备两个条件：一个条件是它们必须是非常清楚明白的，因而人类心灵在集中注意考察它们时不可能对其真实性有任何怀疑；另一个条件是对其他事物的知识都依赖于这些本原，因此这些本原无须有对他物的知识就能被认识，反之，如无对本原的知识，则不可能认识其他事物。所以我们必须力求从这些本原推出依赖于它们的那些事物的知识，以使在整个演绎序列中没有任何东西不是非常之彰明较著的。实在说来，唯有上帝是完善的智慧，也就是说，唯有上帝对一切事物的真理具有完满大全的知识；不过我们也可以说，人相应于其对最重要真理具有知识之多少，人亦具有或大或小之智慧。我相信，这里所说的没有一点不是所有博学多识的人都认同的。

其次，我要考察一下这种哲学的用处，并指出既然它涉及人心能知的一切，我们就应相信，我们之异于最野蛮的蛮夷者仅仅在于我们有哲学，而且一个民族的人有更好的哲学思维，这个民族才是更文明、更有礼仪的；因此，拥有一些真正的哲学家，乃是一个国家可能获有的最大的善。而且，对每一个人来说，生活在从事哲学研究的人中间不仅是有益的，而且如能亲自进行这种研究，那就更是好得无比了。正如用自己的眼睛作为向导并亲炙光色之美无疑远胜于闭目塞听，任由他人牵制，不过后者较之紧闭双眼、妄自独行还是要好些；但是，严格说来，没有哲学思维的生活等于闭上双目且永远不想睁开。亲眼目睹视觉展示给我们的一切事物的欢欣快慰，与我们通过哲学所发现的那些事物的知识带给我们的愉悦满足之感，是无法比拟的；最后，较之我们要用双眼指引我们的步履行动，我们尤须以哲学研究来规范道德、指导人生。牲畜野兽所要保持生存者只有它们的躯体，因而它们总是不停地忙于寻找养活它们的食物，而人的主要部分是精神，其所关切的主要应该是对智慧的探究，此乃精神之真正的食粮，而且我还确信，许多人如果希望在这方面有所成就而且知道自己能力的大小，他们是不会一无所获的。任何灵魂，即使一颗毫不高贵的灵魂，都不会如此牢固地依附于感官对象之上，以致不能与之须臾离开转致期望于其他某种更崇高的善，尽管它往往并不知道那种善究为何物。那些最受幸运眷顾、饶有健康、荣誉、财富的人们，像其他人一样，也免不了有这种愿望。相反，我相信，正是这些人最热切地渴望另一种善，一种较其已有之一切善远更崇高的善。这种至高无上的善，仅从自然理性而无赖于信仰之光来看，非为他物，不过就是通过第一因而得到的真理的知识，亦即智慧，而哲学就是对智慧的研究。既然这一切都是完全真实的，那么只要我们能适当地加以论证，是不难使人信服的。

但是，经验告诉我们，那些自诩为哲学家的人常常比那些从未进行这种研究的人更少智慧、更少理性；正是这种经验阻碍人们相信这些真理的知识。因此我在此要简略地说明我们现在所有的全部知识的构成以及我们已达到的智慧的阶段。第一个阶段只包含那些完全自明而无须思考即可获得的概念；第二个阶段包含所有通过感官经验而为我们所知的事物；第三个阶段包括与他人谈话所教给我们的东西；我还可以加上阅读书籍，作为第四个阶段，这不是读所有的书，而主要是读那些能给人以良好教益的作家的作品，因为这种阅读乃是我们与其作者进行的一种谈话。在我看来，我们通常拥有的智慧全都只是从这四种方法得来的；我在这里并没有将神圣的启示列入其中，因为它不是逐级而进地引导我们，而是一下子就使我们提升到一种决然无误的信仰。

但是，每个时代都有一些伟大的人物，他们竭力探寻达到智慧的第五个阶段，比其他四个阶段无可比拟地更高、更可靠，亦即找出我们能据以推出一切可知事物的理由的第一因和真正本原；对那些致力于斯的人物，我们特名之曰哲学家，可是迄至今日我仍不知道是否有人在此宏图上曾取得成功。有大作传诸吾人的最早最重要的哲学家是柏拉图和亚里士多德，二者并无不同，只是前者尾随其师苏格拉底，亦步亦趋，坦诚承认自己还未能找到任何确实无疑的东西，只要写一写在他看来或然为真的东西就满足了，因此他设想出某些本原，力图根据这些本原为其他事物提供理由。反之，亚里士多德则不够坦诚；尽管他在20年间曾是柏拉图的学生，而且他也没有与柏拉图观点不同的本原学说，他却全然改变了本原学说的表达方式，而且将其作为真实可靠的学说推荐给人们，虽则没有任何迹象表明他对其曾作如是观。不过他们二人都具有从上述四种方法获得的很大的才智、很大的智慧，这又给了他们很高的权威，以至于后来者宁愿追随他们的意见而止步不前，也不肯进而探求更好的东西；他们的弟子之间的一个主要的争论是要知道我们是应该对一切事物都加以怀疑呢，还是承认有某些事物是确实可信的？这个争论把正反双方都引向了荒谬绝伦的错误；因为某些主张怀疑的人甚至将怀疑扩而及于人生行为，乃至罔顾谦恭谨慎的教训，那些坚持有物确实可信的人则认为确实性当依赖于感官，他们完全信赖感官，据说伊壁鸠鲁竟敢悖乎天文学家的一切论证，断言太阳并不大于其显现的样子。

人们可注意到大多数的争论都有一个缺点，因为真理属于正反两种意见之间，那么争论的一方愈是热衷于跟对方相抵牾，则距离真理愈是遥远。但是那些过分偏向怀疑的一派人的错误并没有延续多久，而另一派的错误则由于人们承认感官在许多事情上有欺骗性而略有纠正。不过我还不晓得人们之完全去掉后面这种错误是否是由于看到了唯有具有明白知觉的理智而非感官才是确实可靠的；而且我们既然只拥有通过前述四个智慧阶段所得的知识，那么我们对于关乎人生行为的看似真实的事物既不应有所怀疑，亦不应视之为极其确实而在有明显理由必须改变自己的看法的时候不做改变。

由于不了解这条真理，或者有人虽知道它却不曾践行之，因而晚近几个世纪以来渴望成为哲学家的人大都盲从亚里士多德，他们往往歪曲其著作的原义，将亚氏纵然复生也不会认为属己的种种观点妄加于他。至于那些并不师从亚氏的人，他们中很有一些杰出的人才的，可是他们在年轻时不能不被亚里士多德思想所浸透，因为这是学院里教授的唯一的课程。他们专心致力于此学，不可能达到对真正原理的认识。尽管我对他们都很尊重，而且无意因批评他们而为其所憎，但我还是可以为我如下所言提供一个证明而且我不相信他们任何一人会否认的，即他们全都是把自己并不完全了解的一些东西假定为原理。例如，我不知道他们中有谁不承认地上的物体皆有重力，但是经验虽然很清楚地表明我们所说的重物皆向地心降落，我们却并不因此知道我们所说的重力的本质为何，就是说，我们并不知道使物体如此降落的原因或原理，而必须从其他方面求得这种知识。对于被某些人视为本原的虚空和原子、热和冷、干和湿以及盐、硫磺、水银等诸如此类的东西也可以这样说。但是从一个并不清楚明白的原理推出的一切结论都不可能是清楚明白的，即使它们是清楚明白地推论出来的。由此可见，根据这种原理所做的一切推论都不可能给人们以关于任何事物的确实的知识，因而也不能使人们在智慧的探求上更进一步。如果人们曾发现了某种真理，那也只是因为人们利用前述四种方法得来的。不过我决不想贬抑任何人可能希冀的荣誉；我只是为了安慰那些不曾从事研究的人而不得不说，正如旅行一样，只要我们背对着我们想去的地方，那么我们走得愈久愈快，就离那个地方愈远，因此即使后来走上正路，也不可能像本来未走先前弯路那样迅速到达目的地；哲学亦然如是，当我们有一些低劣的原理时，我们愈是悉心培育，愈是殚精竭虑由之抽绎出种种结论，以为这是在做很好的哲学研究，实则离真理和智慧的知识愈是遥远。由此必当得出结论说，凡对昔日所谓哲学学得愈少者，愈适宜研究哲学。

把这些问题充分说明之后，我就想在这里阐述一下有何理由可以证明我在本书中提出的原理就是我们可凭借它们以达到最高智慧（人生至善即在于斯）的真正原理。只讲两点理由足矣。第一个理由是它们是极其明白的，第二个理由是我们可从这些原理推出其他一切；因为真正原理所需要的只有这两个条件。这些原理是极其明白的这一点很容易证明，首先是根据我发现这些原理的方法来证明，即把那些只要有一点理由可以怀疑的东西都排除掉，因为经过专心致志的考察都未能以这种方法将其排除掉的东西肯定是人心能够认识的最清楚最明白的东西了。因此，我认为，凡是想要怀疑一切的人决不可能在怀疑时也怀疑自己存在，而且那个决不能怀疑自己却怀疑其他一切的如此进行推理的东西不是我们所说的身体，而是我们所谓的灵魂（âme, soul）或思想（pensée），我将这种思想之有（l'être）或存在（'existenee）当作第一原理，由此推出下面这些原理，即有一个上帝，他是世界万物的创造者，是一切真理的源泉，因而他决不会给我们创造这样一种性质的理智，使之在对它对之具有极清楚明白知觉的事物做判断时会受骗出错，这些就是我在涉及非物质的事物或形而上学的事物方面所应用的全部原理；我又由此极明白地推出关于形体的或物理的事物的一些原理，即存在着具有长、宽、高的广延物体，这些物体有各种不同的形状，以不同的方式运动着。简言之，这些就是我用以推出其他事物真理的全部原理。另外一个证明这些原理之为明晰清沏的理由是：它们在一切时代都为人所知，而且人人都承认其为真实无疑的，唯一的例外是上帝的存在曾被一些人质疑，那是因为那些人过度倚重感官知觉，而上帝是看不见也摸不到的。

尽管所有包含在我的原理中的这些真理在一切时代都是举世皆知的，但是就我所知，迄至今日尚无一人承认其为哲学原理，既承认其为可据以推出世间其他一切事物的知识的原理。这就是我为什么在这里还要证明它们是这样的原理的缘故，而且在我看来，没有比使人们根据经验去了解能更好地证明这一点了，就是说，最好的证明是请读者阅读此书。因为我虽然没有也不可能讨论一切事物，但是我想对于我可能论及的所有的东西都已做了充分的阐述，因而凡是细心读过此书的人都有理由相信，为了达到人类心灵所能达到的最高的知识，无须在我所确立的这些原理之外再去寻觅其他的原理了。尤其是如果人们在读了拙著之后费心察看一下其中有多少各式各样的问题得到了说明，再去翻阅一下他人的著作，他们就会看到，这些著作以不同于我的原理去解释同样的问题时只能提供给我们一点似是而非的理由。为了使人们更容易了解这一点，我可以告诉他们，凡是被我的观点所浸润陶冶的人较之那些不曾受此浇灌的人远更易于理解他人的著作，远更易于评断其确实的价值；这与我方才讲到的那些人恰恰相反，他们是从古代哲学着手学习哲学的，他们学习得愈多，往往愈不适于更好地领悟真理。

我还要略说一说阅读本书的方法。我愿人们首先像读一本小说那样把全书匆匆浏览一遍，不要过分注意或费心纠缠于书中可能遇到的难点，而只要对我所论之问题有一概略的了解即可。然后，如果读者觉得这些问题值得考察而且有兴趣知晓它们的缘由，他可以再读此书，以便探明我推理论证的思路。如果他还不能处处判明此思路，不能完全理解这些推理论证，也不必感到失望，而只须用笔将疑难之处标示出来，并且继续不断地读完全书。如果他又三读此书，那么我敢相信，他会给先前标出的大部分疑难找到答案，如果仍有若干疑点未解，那么反复重读终会求得解答。

我在考察许多心灵的本性时就曾注意到，几乎没有一个粗笨迟钝的心灵，如果得到应有的教养，不能达至善良的情感，乃至获得所有最高的知识。这一点也是有理由可加以证明的：因为这些原理既是明白的而且我们只能通过非常明显的推理推出一切，所以我们就永远有足够的理智去理解以这种推理为依据的东西。但是，我们几乎总会看到，人们除了受偏见之害（无人能完全免除偏见，不过那些最是致力研习伪学的人受其害也最深），中等才智的人还会觉得自己缺乏能力而无意学习，另外一些渴望学习的人却又操之过急，以致往往接受一些并不清楚明白的原理，并由此得出一些并不可靠的结论。正因此故,我想要那些对自己的能力极乏自信的人确信,只要他们能费心尽力地去考察一番,在拙著中就没有任何东西是其不能完全理解的。不过我也要告诫其他人:即使才智卓越之士亦须长时间专心致志地研习才能识察我欲在书中之所述。

其次,为使人们体会到我发表此书的目的,我在此也想对我认为人们在学习时应当遵行的顺序做一说明。其一,一个仅有通过前述四种方式获得的通俗而不完善知识的人首当为自己立一道德训条,足以规约其人生行为,因为此事刻不容缓,因为我们最重要的就是应该努力过善良的生活。其二,他还应当学习逻辑,但不是经院中教授的逻辑,因为这种逻辑严格说来不过是一种论辩术(dialectique),是教人如何将其所知的东西转授他人的方法,甚至是对其全然无知的东西不加判断地夸夸其谈的方法,因此,这种逻辑毋宁是腐蚀人的理智,而不增长人的知识。与之相反,我所谓的逻辑则教给我们指导理性以发现未知真理的方法;因为它与练习实用大有关系,所以学生最好能长时间地练习把逻辑规则应用于如数学问题那样简单易解的问题。当他已能熟练地在这些问题中找到真理之后,他就应该认真开始致力于真正的哲学了。哲学的第一部分是形而上学,包括知识的原理,其中有对上帝的主要属性、人的灵魂的非物质性、我们赋有的一切简单明白概念的说明。第二部分是物理学,我们在这里找到物质事物的真正原理之后,就要总体地研究整个宇宙的构成,然后要专门研究地球以及地球上最常见的一切物体如气、水、火、磁石和其他矿物的性质。再后要专门研究植物、动物的性质,尤其是人性,以便尔后能够发现有益于人类的其他各种知识。因此,全部哲学犹如一棵大树,形而上学是它的根,物理学是它的干，其他各门知识是从干上生出来的枝，这些知识又归类为三个主要的分支，即医学、力学和道德学。所谓道德学，我是指最高最完善的道德学说，它以对其他各门知识的完全的认识为前提，它是究竟至极的智慧。

但是，正如我们不是从树根和树干而只是从树枝梢头收获果实一样，哲学的主要效益也有赖于我们只在最后才学到的其各分支的效益。我对这一切虽然几乎全然无知，但是我总是期望竭力为众人效劳的一腔热忱，使我早在十一、二年前就将窃意学而有得的东西论述付梓。这些论著的第一部即《方法谈》（《关于指导理性和探求知识真理的方法的谈话》），此书概述了逻辑和一种尚未完成的道德学的基本规则，人们在还没有一种更好的规则之前，可暂且遵循之。另一部书包括三篇论文，《屈光学》、《气象学》和《几何学》。《屈光学》旨在指出人们在哲学上可取得长足的进展，以哲学的方法达到对生活有用的技术知识，因为望远镜的发明（拙文中有说明）是人类探索活动中最困难的工作之一。在《气象学》中，我希望使人们认识到我们致力研究的哲学与经院中教授的哲学的不同，虽然经院中通常也讨论同样的问题。最后，《几何学》则试图证明我已发现了许多前所未知的事物，因此有理由相信人们还可发现许多其他的东西，从而激励所有的人都能如此致力于真理的探求。从那以后，由于预料会有一些人在思考形而上学基础时遇到困难，我就在《沉思录》一书中力图对其要点做些解释。《沉思录》本不是一部大书，但是，由于附加了几位闳学大儒借题对我提出的驳难和我对他们的答辩，遂使此书篇幅扩增，内容亦有更多的阐释。最后，在我看来，先前的这些论著已使读者的心灵有充分的准备来接纳这部《哲学原理》，因此我就将其出版了。原书分为四个部分，第一部分包括知识的原理，可称之为第一哲学，或称为形而上学更恰当；因此，为了很好地了解这个部分，读者宜于首先阅读一下我论述同一题目的著作《沉思录》。其他三个部分则包括物理学中全部最一般的东西，即对自然的第一规律或原理或诸天、恒星、行星、彗星以及整个宇宙的构成方式的说明；然后是对地球的本质以及空气、水、火、磁石等地球上到处常见物体的性质的具体的说明，以及对我们在这些物体中看到的种种特性，如光、热、重力等等的说明。这样，我认为已然顺理有序地着手阐释全部哲学，而不曾使书末结尾前所应说者有所遗漏。

但是，为了把这个计划贯彻到底，我还须进而以同样的方式对地球上其他各种更为特殊的物体即矿物、植物、动物，尤其是人加以说明。最后，我要确切地论述医学、道德学和力学。这就是我必须做的，如果我要给人类一个极完整的哲学体系的话。我还没有觉得自己已如此之老，还没有对自己的能力如此缺乏自信，还不认为其他方面的知识远不可及，因此只要我有适当的条件去进行为支持和证实我的论证所必需的实验，我是不会不敢于动手完成这个计划的。但是，鉴于此事耗资巨大，一介学人如在下者，若无公家资助，岂堪如许重负，然而公助又非希冀可待，因此我想从今而后只当学以修身自持。如是而已，至于我不再为后代人效劳，或可得来者的原宥。

不过，为使人们明了我在哪些方面对后代人已有所贡献，在此我要指出相信人们会从我的诸原理得到的一些益处。首先是在这些原理中找到许多前所未知的真理而有满足；真理虽单纯平易，似非玄妙因而往往不若谬误和伪装之易发人奇思异想，但真理予人的满足感却是更持久、更牢固的。其次的益处是对这些原理的学习会使人对所有经历的事物逐渐习惯于做出更好的判断，因而变得更加聪明。在这一点上，我的这些原理产生的效果与通常哲学的效果全然相反；因为我们不难看到，这种哲学使得那些人们所说的学究们较其未习此学时更少理性能力。第三种益处是，这些原理所包含的真理由于非常明白、非常确实可靠，没有任何理由发生争论，因而会使人的心灵宽容而和睦。与此完全相反，经院中的论辩争斗则使受业于斯的学子们不知不觉地渐渐变得愈来愈好辩，愈来愈固执己见，这也许就是当今烦扰世界的异端和纷争不和产生的重要原因。我的这些原理的最后和最主要的益处在于，人们进而发展这些原理，就能发现许多我未曾解释的真理；而且随着时间的推移，一点一点地从一个真理到另一个真理，最后获得全部哲学的完满知识，升至最高的智慧。正如我们在一切技艺中看到的那样，其开端虽粗糙而不完善，但其既含有已被经验证明其结果的某种真理，它们通过持续不断的实践应用就渐渐变完善了。同样，当人们在哲学上拥有真正的原理，并遵循这些原理时，一定会遇到其他一些真理。多少世纪以来，人们追随亚里士多德的原理，但从未由此做出任何进步，只要指出这一点就足以证明其为谬误了。

我很了解，有些人凡事操之过急，不耐审慎思虑，即使握有极坚实的基础，也构造不出牢固的建筑来。因为这种人通常是那些最急于著书言说的人，他们顷刻间便可毁掉我创作的一切；如果人们将他们的书误认为我的作品或认为满是我的观点，那么他们就会将不确定性和怀疑引入我的哲学思维方法，而这种不确定性和怀疑正是我一直细心关注力图加以排除的。近来我就有过这样的经验：有一个我认为最愿追随我的人①，在某个地方我对之甚至写过这样的话，"我深信其人，因而不认为他会有任何我不愿视为己见的观点"；去年他出版了一本题名《物理学基础》(*Fundamenta Physices*)的书，其中关于物理学和医学所说的东西似无不取自我的著作，有的取自我已发表的作品，有的取自我论动物本性的一部尚未告竣但落入其手的书稿。但是，因为他抄的太糟，擅改我的次序，否认全部物理学所应依据的某些形而上学真理，我迫不得已要全盘否定他这本书，并在此恳请读者们切勿将那些未曾明白见诸拙著中的任何意见归之于我，而且无论在拙著中还是在他处，凡是未见极其清楚地由真正原理推演而来的任何意见都不要信以为真。

我也很了解，要经过若干世纪之后，人们才会从这些真正的原理推演出可能由之推出的一切真理。因为有待发现的真理大都依赖于某种特定的实验，而这种实验决非得诸偶然，而必是由才智卓越的人费心思、花巨资力才能求得的；又因为那些富有机巧、精于实验的人要获得实地进行实验的可能性并非易事；还因为大多数最优秀的人物由于看到流行至今的全部哲学都有缺陷，而对其抱有很糟的看法，所以他们决不会专心致力于寻求一种更好的哲学。

但是，如果他们看到我的这些原理和所有其他人原理的区别和可由此推得的一系列真理能使他们认识到，继续探求这些原理有多

---

① 所指为 M. Henri Leroy。见笛卡尔致 Gisbertum Voetium 的信，Epistola Renati Descartes ad celeberrimum Virum D. Gisbertum Voetium Amsterdam, 1643。

么重要，这些真理能够把我们引到何等高度的智慧，带来何等完满和至福的人生，那么，我就敢于相信，他们没有一个人会不努力去做这一大有益处的研究，或至少会倾其全力去支持和襄助那些从事这一研究而卓有成就的人。我祝愿我们的子孙后代有幸得见这一研究事业有成。

第一编　论人类知识的原理

一、为了探求真理，一个人在其一生中必须有一次对一切事物都尽可能地怀疑一下。

我们生下来还是小孩子的时候，在能够完全准确地使用理性之前，就已对所能感知的事物做出种种判断，因而就有许多先入之见阻碍我们认识真理，这告诉我们，除非在我们一生中有一次对所有那些甚至绝少被疑为不确实可靠的事物都尽力去怀疑一下，我们似乎不可能从那些先入之见中摆脱出来。

二、将一切可疑的事物都视为*虚假*的是有益的。

我们将所有可被认为有哪怕一点可疑的事物当作虚假的东西加以否弃，甚至也是极有益的，这样我们就可以更明确地发现哪些事物是最确实最易知的。

三、这种怀疑与生活日用之事暂且无关。

不过这种怀疑暂且只限于对真理的思考。因为就生活日用而言，我们如要摆脱怀疑才行为，经常会错失行为的机会，所以我们经常不得不采纳某种纯属或然可行的做法，有时甚至只能在两种同属或然的事物中选择其一,纵然此一之或然性看来未必大于彼一。

四、我们为何可以怀疑可感的事物?

我们现在既然是致力于真理的探求,因此我们最初要提出怀疑的是:是否有任何可感的或想象的事物存在?因为第一,我们发现感觉有时是错误的,而不过分信赖即使欺骗过我们一次的东西是明智的,其次,我们每日在睡梦中似乎可感到或想象到无数在任何地方都不存在的东西;我们既然决心要怀疑一切,那么也就不会有什么标记可借以明确地区别睡眠与清醒。

五、为何对数学的证明也要怀疑?

对于我们先前认为最确实可信的其他事物,乃至数学的证明及其迄今一直被视为自明的原理,也都要加以怀疑。这是因为我们看到有些时候有些人在这些事情上会出错,而将我们认为谬误的东西看作最可靠和自明的东西;尤其是因为我们听说有一个上帝,他是无所不能的,而且我们是被他创造的,而事实上,我们并不知道上帝是否想将我们创造得总在受骗,甚至在我们似乎知之最真最确的事情上也受骗。前已指出,我们有时会受骗,那么我们似乎同样可能总是受骗。如果我们想象我们并非万能的上帝所造,而是来自我们自身,或来自无论什么别的东西,那么,我们归之于我们始祖的力量愈是不强,则愈可相信我们并不完善,因而总是受骗。

六、我们有自由选择的能力,可以阻止我们对可疑的事物随声附和,因此避免了错误。

但是无论我们是由谁所生,也无论他是多么强大有力,如何欺诈骗人，我们仍然从亲身经历得知，我们有一种自由，经常能够避免轻信那些并不确实可靠的东西，从而总能保证不致迷妄出错。

七、我们不能怀疑，我们在怀疑时我们是存在的，而且这一点乃是我们正常进行哲学思维所获知的第一要义。

再者，我们将所有能以某种方式加以怀疑的事物都排除掉，甚至想象它们都是虚假的，这样就很容易设想，既没有上帝，也没有苍穹，也没有物体，甚至可以设想，我们自身既没有手，也没有脚，根本没有身体；但是我们不能因此设想，正对这样一些事物进行思维的这个我们也是乌有，因为认为一个能思之物恰恰在其思维之时并不存在，是自相矛盾的。正因此故，"我思，故我在"（ego cogito, ergo sum）乃是任何进行正常哲学思维者所得一切知识中第一个和最确实的论断。①

八、我们由此认识到灵魂和身体的区别或能思的东西和物质的东西的区别。

而且这是我们了解心灵本性及其与物体的区别的最佳途径。在考虑我们究为何物时，我们假设一切与我们不同的事物都是虚假的，因此我们明显地发觉，广延、形状、位移以及可归诸物体的任何类似之物都不属于我们的本性，而唯一为我们本性所有者乃是思维，思维正是先于任何物质事物并较之物质事物更确实被认识的东西；因为我们已经感知了它，而对其他事物则还在怀疑。

---

① 此处据法文本译为"论断"（conclusion）。——译者

九、什么是思维？

所谓思维，我是指就其在我们的意识中为我们所意识到的一切。因此，不仅理智、意愿、想象，而且感觉都是与思维为同一的东西。因为如果我说"我见或我走，故我在"，而且如果我是根据身体的观看或步行得出这个结论的，那么这个结论就不是绝对确实的，因为正如梦中常见的那样，我可能以为自己在看或在走，尽管我并未睁开眼睛，并未移动位置，而且甚至也许并无身体。但是如果我是从观看或行走的感觉或意识得出那个结论的，那么它就是完全确实的，因为它与心灵相关，而只有心灵才能感觉或知晓那是在看或在走。

十、一些极其简单的而自明的东西被逻辑定义给弄得模糊不清了，这样的东西不能算作通过研究而获得的知识。

对于前已用过或下面将用的其他许多名词，我在此处不拟加以解释，因为在我看来，它们完全是不言自明的。我常注意到有些哲学家在这一点上犯有错误，他们力图用逻辑定义解释那些最简单自明的东西，结果将它们弄得更加模糊不清了。当我说"我思，故我在"这个命题对所有正确有序地进行哲学思维的人来说都是首要的和最确实的命题时，我并不因此而否认首先必须知道何为思想、何为存在、何为确实性；同样也必须知道能思的东西不存在是不可能的，如此等等。但是由于这些是最简单的概念，它们独自并不提供任何存在事物的知识，因此我认为无须在此处将它们列举出来。

十一、我们对心灵的认识如何胜于对身体的认识？

为了了解我们对心灵的认识，不但比对身体的认识更早、更确实而且更明白,我们应该注意到,根据自然的光亮,我们确知没有任何状态或性质是无所依附的;因此无论何处我们看到一种状态或性质,我们一定会在那里发现有其所归属的一个事物或实体,而且我们在同一事物或实体那里发现的状态或性质愈多,我们对它们的认识就愈明白。显然我们在心灵中比在任何其他事物中看到的状态或性质都更多,因为我们对任何其他事物的认识不可能不指引我们对心灵获得远更确实的知识。例如,如果我根据触摸或观看而判断地球的存在,那么我由此必然更可确信我的心灵的存在,因为也许会有这样的情况,我判断自己在触摸地球,虽然地球根本不存在;但是,既然我有此判断,那么做出判断的我的心灵不存在,则是不可能的;其他类此情况亦当如是。〔对于进入我们心灵的所有其他事物,我们也可如此说,即:尽管这些事物也许是虚假的或根本不存在的,但是对这些事物进行思考的我们却是存在的。〕①

十二、为什么这一点并非人所共知?

那些缺乏条理系统的哲学思维的人对这一点之持有异议,只是因为他们从未十分仔细地将心灵和身体区别开来。尽管他们认为自身的存在较之任何他物都更确实可靠,然而他们却没有注意到所谓"自身"〔就形而上学的确实性而言〕② 在此处只应理解为心灵;相反地,他们宁愿将其仅仅理解为他们的身体,可以目视,可以手触的身体,而且他们还错误地赋予身体以感觉的能力,这就使他们无

---

①② 括号内的内容是据法文本补。——译者

法理解心灵的本性。

十三、在什么意义上对其他事物的认识都依赖于对上帝的认识。

再者,心灵对自己虽然有知,但对其他一切事物仍有怀疑。因而它环顾四周,投目远望,以更扩大它的知识:首先它在自己之内发现许多事物的观念;只要它仅仅思考这些观念,并不肯定也不否定在自己之外还有任何与之类似的事物,它就不会有错。其次,它还发现自己有一些通用概念,并由此构建种种证明,只要它专心致志于这些证明,它就会完全确信它们是真的。例如,心灵在自己之内就含有数目和形状的观念,还含有诸如"等量加等量,其量仍相等"之类的普遍概念;根据这些普遍概念,就不难证明"三角形三角之和等于两直角"等等。只要心灵专注于〔这些结论〕①由之推出的前提,它就会确信诸如此类的结论是真的。但是,由于心灵并不能总是专注于这些前提,而且之后又想到不知自己是不是被赋予了这样一种性质,以致对最显然自明的事物都会弄错,因此它就明白了对这些事物加以怀疑是正当合理的,而且除非知道了这些事物的原初创造者,是不可能对它们有任何确实的知识的。

十四、我们的上帝概念即包含必然存在,由此就可直接推出上帝存在。

再者,心灵看到,在其固有的诸多观念中有一个全知、全能、

---

① 此处"结论"依据法文本。——译者

绝对完美的存在的观念，而且这是所有观念中最重要的一个观念，因而它也认定，这个观念的存在决不是如它所清楚感知的一切其他事物的观念哪样的仅仅是可能的和偶然的存在，而是绝对必然和永恒的存在。心灵知道例如三角形观念必然包含着其三个角之和等于两直角，因而绝对相信三角形有其和等于两直角的三个角，同样它仅因为了解必然和永恒的存在就包含在一个最完美存在的观念中，就必然得出结论说最完美的存在是存在的。

十五、关于其他事物的概念并不同样包含必然存在，而是仅只包含偶然存在。

心灵若能注意到，在它之内找不到有任何其他事物的观念同样包含必然存在，它就会更加相信这一点。因为由此可知，那个最完美存在的观念不是心灵自制的观念，也不表示任何虚幻的东西，而是表现一种真实而不可更易的本性，这种本性不可能不存在，因为必然存在就包含在它之中。

十六、偏见的阻碍使上帝存在的必然性不能为一切人所明白认知。

我认为，我们的心灵会很容易相信这一点，如果它能首先彻底地摆脱偏见。但是，由于我们已习惯于在所有其他事物中都区别开本质与存在，并且任意虚构种种现在和过去在任何地方都不存在的事物的观念，因而在对最完美的存在未做潜心深思的情况下，很容易觉得我们关于它的观念也许是我们任意想象的一个观念，或者至少存在并不属于其本质。

十七、我们每个观念的客观的完美性愈大，其原因的完美性也必愈大。

我们进一步考察我们心内所有的观念，就会看到，就其思维的样态而言，彼此并无多大区别，但是，就一个观念代表此一事物，另一观念代表彼一事物而言，它们则是大不相同的；它们包含更大的客观的完美性的，其原因就必然是更为完美的。例如，如果某人有一个技艺精巧的机器的观念，那么我们有充分的理由可以提问：是什么原因使他获有这个观念？是他曾在什么地方见过别人制造的这样的机器呢，还是他曾努力学习过力学科学，抑或他有一种巨大的能力，纵然从未目睹这类机器，他也能自行设计出来呢？因为在这个观念中只是被客观地或者说如同在图表中那样包含着的全部技艺，在观念的原因（不论是什么样的原因）中则必然不是仅仅被客观地或表象地包含着，而是被形式地或卓越地包含着，至少在观念的最初的最主要的原因中是如此。

十八、由此我们又可得出上帝存在的结论。

我们在自身之内既然有上帝或最高存在的观念，因而我们就有理由去考察一下究竟是怎样的原因使我们获有这个观念；我们发现这个观念是如此无限地完美，因而绝对确信，只有一个真正具备一切完美性的存在即实在存在的上帝，才可能将其放入我们心中。因为根据自然光亮，显然可见，不仅无不能生有，而且更完美的事物也不可能由较不完美的事物作为其作用因和完满因所产生，但是，在我们之内也不可能有任何事物的观念或影象，却不在某处（无论在我们之内还是在我们之外）存在着某种实际含有其全部完美性的原型。我们在自己之内决然找不到我们有其观念的那些最高的完美性，由此我们恰恰应该推论出它们是存在于或确曾一度存在于有别于我们的事某物，即上帝中，而且由此我们可以最明显地得出结论：它们依然存在。

十九、我们虽然并不了解上帝的本性，但是我们对它的完美性的认识比对一切其他事物的认识都更清楚明白。

对于已习惯于思索上帝观念和注意其最高完美性的人来说，这一点是十分确定和明显的。因为尽管由于无限的东西的本性是不可能为我们这种有限的东西所把握的，因而我们不能了解这些完美性，然而我们却能比对任何物质的事物更清楚明白地认知它们。因为这些完美性更深深浸入我们的思想，而且更简单，不会有任何界限不清之处。

二十、我们不是由我们自己创造的，而是被上帝所造，因此上帝存在。

诚然，并非每个人都注意到了这一点。当人们具有某种精巧机器的观念时，通常也会知道自己是从哪里得来这个观念的，但是我们并不像这样记得我们的上帝观念是何时从上帝得来的，因为我们总是有这个观念。我们因此就须进而探究拥有上帝的最完美观念的我们自己是从何而来的。根据自然光亮，我们确知，一个承认其他事物比自己更完美的事物，是不会来自它自己的，否则它对其具有观念的全部完美性就会是由它自己赋予自己的了。因此，它不可能来自任何本身并不具有所有那些完美性的事物，即不可能来自不是上帝的任何事物。

二十一、我们存在的经久绵续就足以证明上帝存在。

我们只要注意时间或事物绵延的本性，就不会有任何东西能遮掩这个证明的明晰性；因为时间的本性在于其各个部分并不互相依存，也从未同时共存；因此从我们此刻存在，并不能推出我们翌日亦将存在，除非有某种与最初产生我们的那个原因实际相同的原因继续再产生我们一次，就是说把我们保存起来。因为我们不难发现我们没有用以保存自己的力量，也会发现那个拥有如此伟大力量的存在，既能保持与其不同的我们的存在，亦必更能保持其自身的存在，或者毋宁说，它无需任何他物来保存自己，因此它就是上帝。

二十二、根据我们认识上帝存在的方法，我们同时也可认识通过自然能力所能认识的上帝的一切属性。

以这种方法证明上帝存在，即根据上帝的观念证明上帝的存在，还有一个很大的优点，就是：我不仅据此可知上帝的存在，而且在我微弱本性所能容许的程度上同时也了解了上帝之所是。因为我们在思考上帝这个天赋观念时，我们自然就会看到，他是永恒的，全知全能的，是一切善与真的根源，是万物的创造者，最后，他还包含所有那些我们显然可见具有某种无限完美或绝无不完美之处的事物。

二十三、上帝不是物质的，不像我们那样去感知事物，也不会有意去作恶犯错。

有极其众多的事物，我们虽然承认其有某种完美性，但是我们也发现其有些不完美性或局限性,因此它们不可能属于上帝。① 在物质自然中,空间的广延既然包含可分性,而可分性乃是一种不完美性,因而可以确定,上帝不是物体。我们有感官知觉,这一点尽管也算是一种完美性,但是在一切感官知觉中都有一种遭受②,而遭受则是对某物的依赖,因此我们必须承认,上帝绝无感官知觉,而只有理智和意志,而且他也不像我们这样将理智和意志作为各自不同的活动使用的,而是以一种独有的、永远同一的和最单纯的活动同时运用理智、意志并作成一切,所谓"一切"意即"万物"。上帝无欲于过恶罪行,因为本无此物。

二十四、要从对上帝的认识达到对创造物的认识,必须记住,上帝是无限的,我们是有限的。

既然只有上帝是一切存在和可能存在的事物的真正原因,那么如果我们要从对上帝自身的认识出发力求推出对其创造物的说明,显然我们应遵循一条最好的哲学方法,从而获得由因致果的最完满的知识。为了极稳妥无误地这样进行,我们一定要小心谨慎,尽可能经常举证:造物主上帝是无限的,我们都是有限的。

二十五、上帝所启示的一切,即使超越我们的理解力,我们也必须相信。

因此,如果上帝偶或给我们以关于其自身或他物的一些超出我

---

① 法文本译为"il n'est pas possible qu'aucunes de celles-là soient en Dieu"(任何这种事物都不可能存在于上帝之内)。Haldane 和 Ross 英译本与关琪桐中译本皆按法文本翻译。——译者

② 遭受原文为 passio,或可译为"被动性"。——译者

们普通人的自然能力的启示，诸如道成肉身、三位一体之类的神秘奥义，我们不能拒不相信，纵然我们并不能明白理解之。无论在上帝的无量广大的本性中，还是在上帝创造的事物中，都有很多超乎我们理解力的东西，对此我们全然不必感到惊奇。

二十六、我们一定不要去讨论无限，而只应将那些看不到有任何极限的事物视为无定限的东西，如世界之广延性、物质部分之可分性、星辰之数目，等等。

因此我们永远不要疲惫不堪地争论无限问题，因为我们既然是有限的，那么对无限做任何规定，从而试图给无限以限定并且把握它，对我们来说都是荒谬的。因此我们不必大伤脑筋去回答那些人的问题，例如，一条无限长的线的一半是否也是无限长的？无穷数是个偶数还是奇数？如此等等。因为除非一个人认为自己的心灵是无限的，否则他似乎不会去思考这些问题的。再者，我们也不可断定凡是经过仔细考究并未发现其限界的事物就是无限的，而是应当认为它们是无定限的。我们既然不能想象有一种广延，它是如此之广大，以至无法设想还有比它更大的广延，因此我们就称这种可能事物的体积大小为无定限的。既然一个物体无论分成多少部分，其各个部分仍然被认为可以再分下去，那么我们就认为其数量是无定限可分的。我们不能因为星辰之数如此浩繁，就认为上帝不可能再创造更多的星辰，所以我们设想星辰之数也是无定限的。其他事例，亦然如是。

二十七、无定限和无限的区别。

我们在这里说"无定限"（indefinita）而不说"无限"（inifinita），

一则是为了将"无限"之名留给上帝，因为只有在上帝那里，我们不但看不到〔他的完美〕[①]有任何限度，而且也确实了解到他没有任何限度；再则就其他事物而言，我们不能同样确实地了解它们在某些方面是没有限度的，而只有消极地承认，即使它们有限度，我们也不可能发现。

二十八、我们必须研究被创造物的作用因，而非其目的因。

最后，关于自然事物，我们决不要从上帝或自然在造物时所定的目的出发去进行论证，〔而且我们要将目的因的探究从我们的哲学完全排除〕[②]。因为我们不应如此妄自尊大，竟至以为自己就是为上帝出谋划策的参议，而是要将上帝视为万物的作用因，而且从根据上帝意志我们得有所知的那些神圣属性出发，借助于上帝赋予我们的自然光亮，我们就会看到必将得出关于我们显然可见的那些结果的结论；不过如前所述，我们应当牢记，只有在其与上帝的启示不相违反时，我们才可相信这种自然光亮。

二十九、上帝不是谬误的原因。

我们此处所要探讨的上帝的第一属性就是他是最真的，而且是一切光明的施与者。因此设想上帝会欺骗我们或者确乎是我们所易犯的那些错误的原因，乃是绝对悖理矛盾的。因为欺骗的本事在人们看来虽然似乎是某种机智聪敏的证明，但是欺骗的意愿却只能出

---

①② 括号内的内容是据法文本补。——译者

自恶意或畏惧和虚弱,因此不可能属于上帝。

三十、由此可见,我们能明白感知的一切都是真的,而且先前所说的那些怀疑也就消除了。

由此可见,我们的自然光亮或者说上帝赋予我们的认识能力所能触及的对象,就其能被清楚明白地感知而言,没有不是真的。因为如果上帝赋予我们的是一种颠倒是非、以假为真的能力,则他是该当被称为骗子的。这样,我们的最大的怀疑就消除了,我们之有这种怀疑,乃是由于我们不知道自己的本性是否甚至在看起来最明显的事物上也会受骗。根据这个原理,我们很容易就将先前提及的一切怀疑的理由都排除掉。数学真理当然不应再受到我们的怀疑,因为它们是最明显的。如果我们注意到无论清醒时还是睡梦中所感觉的某物是清楚明白的,而且能将它与混乱不清的东西区分开来,那么我们就能很容易从任何事物中将应该被视为真的东西辨认出来。这里我对此无须赘言,因为我在《沉思录》中已经讨论过了,更精确的解说有待于后面详述。

三十一、我们的谬误,就其与上帝的关系而言,仅仅是一种否定,就其与我们的关系而言,则是一种欠缺〔或缺点〕。①

虽然上帝不是骗子,但我们确乎毕竟常常犯错受骗。为了找出我们的谬误的根源和原因,以便小心避免错误,我们必须注意,错误之由来多系于意志而非理智;而且谬误也不是需要上帝实际参与

---

① 括号内的内容是据法文本补。——译者

才能产生的事情。就其与上帝的关系而言，谬误只是一种否定，而就其与我们的关系来说，则是一种欠缺〔或缺点〕①。

三十二、我们只有两种思维方式，即理智的知觉和意志的活动。

我们在自身之内所体验到的一切思维方式可归入两大种类：一是知觉或理智活动，一是意欲或意志行为。因为感觉、想象和纯理智不过是各种不同样态的知觉；欲望、厌恶、肯定、否定、怀疑则是各种不同样态的意志。

三十三、我们除非对未充分理解的事物做判断，否则是不会犯错的。

我们在知觉某物时，只要不对其做任何肯定或否定，显然就不会犯错；而且如果我们只是肯定或否定那些被清楚明白地知觉而应被肯定或否定的东西，那么我们也不会犯错。只有在我们对某个事物并无正确的知觉却加以判断时，才会发生错误。

三十四、进行判断不仅需要理智而且需要意志。

为进行判断，固然需要理智，因为对于对之毫无知觉的事物我们是不可能加以判断的，但是判断亦需意志，以便对已有所知觉的事物表示赞同。不过，为了对一个事物作出判断（无论什么判断），我们并不需要对该事物有一种完满无缺的知觉，因为我们对许多事物只有暗昧而混乱不清的认识，却可以对之表示赞同。

---

① 括号内的内容是据法文本补。——译者

三十五、后者（意志）较前者（理智）扩展的范围更大，因而是谬误的原因。

理智的知觉只及于呈现给它的那些少量的事物，而且常常是极其有限的。然而意志在某种程度上则可以说是无限的，因为我们从未看到，任何可是某个他人意志（甚至是上帝的浩茫无穷的意志）的对象的东西不能为我们的意志所推及。因此我们很容易将自己的意志加以伸张而超出我们所明白知觉的事物；我们如此行之，则偶或迷妄犯错，就不奇怪了。

三十六、不能将我们的错误归咎于上帝。

我们决不能因为上帝没有赋予我们无所不知的理智，就设想他是我们错误的制作者。因为按理说被创造的理智就应该是有限的，而有限的理智按理说就不可能是全知万有的。

三十七、人的最完美处在于他能自由行动或随意行动，并以此而值得称赞或指责。

意志之所及范围极广，但这正好符合它的本性；而且随其意志而行，即自由而行，乃是人的最高的完美性，因此在某种意义上可以说人就是其行为的创作者，〔当他行为正当时〕① 就该为此受到称赞。自动机不会由于能精确实行为其设计的全部运动而受到赞扬，因为它们必然是要如此运作的。但是能有如此精妙制造的技术专家则要受到赞扬，因为他不是必然地而是自由地制造了它们。根据同

---

① 括号内的内容是据法文本补。——译者

样的理由，在把握真理时，能自动志愿这样做，较之被动不得已而为之，肯定更应当受到赞扬。

三十八、我们之犯错误，是我们行为的缺点，而非我们本性的缺点，下属的过恶常可归咎于别的主子，但是决不可归之于上帝。

无论如何，我们之陷入谬误乃是我们行为上的缺点或者是我们使用自由上的缺点，但绝非是我们本性上的缺点，因为不论我们的判断正确与否，我们的本性是始终如一的。虽然上帝本可赋予我们的理智一种如此敏锐的洞察力以使我们决不会迷妄致误，但是我们并无权利向上帝提出这种要求。如果我们中间有人本有能力阻止某种过恶却不去阻止，我们就说他是那过恶的原因，但是我们决不可因为上帝本可使我们永不犯错就认为他是我们的谬误的原因。因为有些人（主子）之拥有高于他人（下属）的权力是为了用以制止他人为恶，而上帝之泛在万有中无所不在的权力则是绝对而最自由的。因此我们应该深深感谢上帝慷慨恩赐给我们的那些福祉，而没有权利抱怨上帝未将我们认为他本可施与我们的一切都赐予我们。

三十九、意志自由是不证自明的。

我们有意志自由，我们在许多事情上都可随意表示同意或不表示同意，这一点是如此之明显，必当被列入我们最重要最普通的天赋观念。这一点在稍早前我们力图怀疑一切以致设想有一个创造我们存在的最高权力者在千方百计地试图欺骗我们的时候就已显然可见了。因为尽管如此，我们仍然感到内心有一种自由足可使我们避免轻信那些并不确实可靠和未经充分检验的东西。没有任何事物能比在那时亦无可怀疑的东西更加不证自明，更加彰明较著的了。

四十、一切亦确实皆由上帝预先注定。

但是现在我们既已知道上帝而且了解他的能力无限之大，因此我们会认为无论谁若设想我们能够做出上帝没有预先注定的事来，就是渎神之罪。如果我们要将上帝的预先注定论与我们的意志自由论加以调和，将二者一同把握之，那会很容易使我们陷入莫大的困境。

四十一、我们的意志自由如何可与上帝的预先注定相符合。

如果我们记得，我们的心灵是有限的，而上帝的能力是无限的（上帝以其能力不但能永远预知一切存在和可能存在的事物，而且能意欲和注定这一切事物），那么我们就会摆脱这些困难。因此我们对上帝的这种能力有充分的领悟从而清楚明白地知晓它是存乎上帝之中的；但是我们对它的理解并没有充分到可以明了它何以允许人有不受限定的自由行为；然而，我们是如此深切地意识到自我内心的自由与无所羁绊，因此我们对它较之对任何其他事物都有更明确更完满的了解。如果我们因为不能理解一个我们知道就其本性即为不可知的事物而对我们直接了解和亲身经验的其他事物也发生怀疑，那是荒谬的。

四十二、我们虽然不愿陷入谬误，但是何以还是通过意志而发生谬误？

我们既然知道我们的一切错误都来自意志，而我们却总是犯错误，这似乎就有点儿令人困惑不解了，因为没有人愿意犯错误。但是意欲犯错误和意欲赞同恰好含有错误的东西是迥然不同的两件事。诚然没有人明白表示有意犯错误，但是几乎无人不常常意欲赞同那些含有错误而不为其所知的东西。正是由于对真理的热切追求经常使得那些不谙求真之道的人们对于他们并不了解的事物妄加判断，因而陷入谬误。

四十三、我们如果仅对清楚明白感知的事物表示赞同，就决不会陷入谬误。

但是，如果我们仅对我们清楚明白感知的那些事物表示赞同，我们就一定不会将谬误混做真理。我说这是一定如此的，因为上帝是不骗人的，所以他所赋予我们的感知能力不可能把我们引向谬误；而且只要我们表示赞同的能力不超出那些清楚明白感知的事物，它们同样不会引向谬误。我们即使不能以任何方法证明这一点，但是我们每个人的心灵都被自然做了如此的熔铸，以致每当我们清楚明白地感知某物时，就会自动地对其表示赞同，而且决不会怀疑其为真理。

四十四、当我们对未曾清楚明白感知的事物进行判断时，我们的判断总是不适当的，虽然偶尔也会碰见真理；这种情形之时有发生，乃因为我们想象先前曾恰切地感知过它们。

确实，我们对某些我们并未明白知解的意见表示赞同时，我们不是错了，就是偶遇真理，且由于是偶遇因而并不知道自己没错。但是，下面这种情形是罕见的，即当我们明知并未感知某物时，却对之表示赞同；因为自然光亮告诉我们，除了对于已知的事物，切勿做任何判断。我们之时常犯错误，就在于有许多事物，我们以为先前曾感知过，而一旦它们被记起来，我们就会赞同它们，仿佛它们真真切切被我们感知过，然而实际上我们从未感知它们。

四十五、什么是清楚明白的观念？

的确有很多人毕其一生都不曾十分准确地感知任何事物以对其做出确实的判断。因为一个确实无疑的判断不仅要有明白的感知而且要有清楚的感知为其基础。我所谓"明白的感知"，是指那呈现和显露于一个全神贯注的心灵的感知，就如我们说，当对象呈现于注视着它的眼睛时，对象是倾其全力以作用于眼睛的，正在此时我们明白地看到了对象；但是所谓"清楚的"则是指它是如此精确而有别于所有其他感知，以致它只包含明白的东西于自身之内。

四十六、从痛苦这个例子可见，一个知觉可能是明白的却不是清晰的，但它除非也是明白的否则不可能是清晰的。

例如，当我们感到一种剧痛时，这种痛感可能是非常明白的，然而并不总是清晰的，因为身感此痛的人常常把这种痛感与他们对痛感本性的模糊判断混淆起来，他们认为在感受到疼痛的部分中有一种与他们明白地意识到的痛感相似的东西。这样，知觉可能是明白而不清晰的，但它绝不可能是清晰的，除非也是明白的。

四十七、为了纠正我们青年时代的偏见，我们必须考虑在每一简单概念中有什么是明白的。

诚然在我们的早年岁月中，我们的心灵如此沉浸于肉体，以致对任何事物都无清晰的认识，尽管它十分明白地感知了很多东西；而且因为它在那时形成了很多判断，导致了大量成了习惯的成见，我们大多数人几乎都不可能摆脱它们。但是为了使自己能清除这些成见，我在此举出一切构成吾人思想的这些简单概念，将每个概念中明白的东西与那些模糊的或可使人致误的东西区别开来。

四十八、一切知觉对象或者是事物，或者是事物状态，或者是永恒真理。所谓事物，兹列举如下：

我们认识的一切对象或者是事物及其作用，或者是在吾人思想之外存在的永恒真理。我们认做事物的对象中，最普遍的有：实体、持续、秩序、数目，也可能还有其他一些同样的东西属于这个事物的总类。但是，我只知道有两种事物总类。第一类事物是理智的事物，或能思维的事物，亦即属于心灵或思维实体的事物；另一类事物是物质的事物，或属于广延实体亦即物体的事物。理解、意志和一切形式的知觉和意愿，皆归于思维实体，反之，体积大小或广延本身之长、宽、高、形状、运动、位置，可分物自身之可分，如此等等皆属于广延实体。不过，在我们的经验中还有其他一些事物，既不能单独归之于心灵，亦不能单独归之于物体，而是如我在下面要解释的那样，应当归之于心灵和物体间的一种直接而紧密地结合。饥、渴等欲望就是这样的事物；还有一些不仅仅依存于心灵的情感或情绪，如愤怒、快乐、悲哀、爱等等；最终，一切感觉，诸如痛苦、欢乐、光、色、声、气味、口味、热、硬以及所有其他可感性质都是这样的事物。

四十九、永恒真理不可能如此列举，也无此必要。

前面我们所述都是事物和事物的性质或样态。我们晓得无不能生有，然而"Ex nihilo nihil fit"（无不能生有）这个命题，不能被看作是某种实存的事物，也不能被看作是事物的样态，而须被看作是吾人心中的永恒真理，即所谓的共同概念或被清楚认识的公理。但是，我们可能还有一个清晰明白的观念：一个非创造的、独立自在的思维实体的观念，即上帝的观念。

五十、这些永恒真理是明白地被感知的，但是由于偏见，并非所有的人都能如此感知。

关于这些共同概念的真理，人们大多确实可以非常明白、非常清晰地认知的，因为否则它们就不配得有此名称，但是确实有一些概念在某些人看来配得此名称，在另一些人看来却不配得此名称，因为对他们来说，这些概念并不是显而易见的。我不认为这是由于某些人的认识能力远超于人类、全体所共有的禀赋，毋宁说是由于有些人不易了解这些共同概念的真理，因而以他们的偏见反对之，不过对那些不信这些偏见的人，这些真理是非常明显的。

五十一、什么是实体？实体是一个我们不能在同一意义上赋予上帝及其造物的名字。

对于那些我们认为具有某种存在的事物，我们必须一一予以考察，以便把我们关于它们的概念中模糊不清的和明显可见的区别开来。至于我们所理解的实体，则我们只指无需他物而独自存在的事物。为什么只需独自存在这个词语的解释会有模糊不清之处呢？因为严格说来只有上帝是这样的，任何被创造的事物如无上帝能力的支持和保存不可能有片刻的存在。这就是为什么在经院里人们有理由说实体这个词不能一义地用之于上帝和被造物，也就是说，这个词可同样用之于上帝和被创造物，但不能有各自不同理解的意义。但是因为在被创造物中，有些事物具有如此的性质，使其不能离开他物而存在，所以我们把它们同那些只需上帝通常协助的事物区别开来，而将后者名为实体，将前者名为这些实体的性质或属性。

五十二、实体这个名字可以单一而不含糊地归属于灵魂和物体。我们是如何知道实体的？

关于所有被创造实体的概念，即非物质实体、物质实体或有形体实体的概念，我们都可以同样在共同概念下理解之，因为它们既是实体，我们就只须知道，它们无需任何被造物之助就可存在。但是，问题是知道这些实体中是否有一些是真实存在的，也就是说，如果它们现在在世界上，它们这样存在不足以使我们感知它们；因为仅仅这样存在没有向我们揭示在我们思想中产生某种特殊认识的东西，实体还必须有我们会注意到的一些属性。没有任何一种属性不足以产生这种效果，因为我们的一个共同概念是，虚无不能有任何属性、任何特性或性质；正因此故，当人们面对某一属性时，就有理由得出结论说，它是某个实体的属性，而且这个实体存在。

五十三、每一实体有一主要属性,心灵的属性是思想,物体的属性是广延。

每个属性都足以使我们认识实体。每个实体总有一个属性为其本性和本质,所有其他的属性皆依存于它。广延有长、宽、高三维,构成有形体实体的本性;而思维则构成能思维实体的本性。因为所有可归之于物体的东西都以广延为先决条件,而且只是这个广延物的附属①;同样地,我们在能思维事物中发现的一切特性都不过是各式各样的思想。例如,除非作为一个广延的事物,我们无法想象形状,除非在一个广延的空间中,我们不能想象运动。想象、感情、意志如此依存于一个能思的事物,没有这个能思的事物,我们就不能想象它们。但是,反之,我们可以想象无形状的广延、无运动的广延;我们可以想象不做想象或不带情感的能思的事物,以及其他等等。

五十四、我们如何能有思维实体、有形体实体和上帝的清晰明白的概念?

因此,我们只要将全部思维的属性和广延的属性仔细区分开来,就会有两种清晰明白的概念或观念:一是被创造的能思的实体,一是广延的实体。我们可能还有一个清晰明白的观念,一个不被创造的、能思的、独立自在的实体的观念,也即上帝的观念:假

---

① 法文本为 dependance(附属、依赖),英文本为 mode(样态),德文本为 zustand(状态)。——译者

如我们并不认为这个观念向我们表象上帝之中的一切，而且我们不把我们理智的任何虚构与之混合，而只是注意上帝概念真正包含的东西和我们知道属于一个绝对完美存在的本性的东西的话。因为没有人能否定我们有这样一个上帝观念，除非他硬是毫无根据地相信人类理智决不能有关于上帝的知识。

五十五、我们如何也能清晰地理解绵延、秩序和数？

如果我们不将我们关于绵延、秩序和数的概念误认为是实体概念，而只是将事物的绵延看作我们以之思考事物的样态——只要事物持续存在着——我们就也能清楚地认识绵延、秩序和数。同样，秩序和数也不是某种有别于有序的事物和可计数的事物的东西，而仅仅是我们以之思考这些事物的样态。

五十六、什么是样态、性质和属性？

我们这里所说的样态实即我们在他处所说的属性或性质。但是，当我们考察实体为其影响或变化时，我们将这些东西称之为样态；当实体可根据这种变化而被命名时，我们则称之为性质；最后，当我们更一般地将这些东西只看作是内在于一个实体中的，我们则名之为属性。因此，在上帝那里没有本来意义的样态或性质，而只有属性。因为在上帝那里变化是不可理解的。即使在被创造的事物中，那些从未以各种不同方式出现于其中的特性，例如现存和持存事物的存在和绵延，都不应称之为性质和样态，而应称之为属性。

五十七、有些属性属于事物，有些属性属于思维，绵延和时间属于什么呢？

有些属性或样态存在于事物自身之内，有些则只存在于我们的思想中。因此，当我们将时间和一般绵延区别开来而且说时间是运动的数时，时间只是一个思维的样态；因为我们肯定不认为运动事物的绵延不同于不运动事物的绵延。这一点从下面这个事实可清楚地看出：如果有两个物体运动了一个小时，一个慢些，一个快些，我们不会把一个运动的时间计算得比另一个长些，尽管其中一个比另一个有大得多的运动。但是为了计量万物的绵延，我们将其与那些创造了年、日的最大、最规律的运动的绵延相比较，我们称之为时间，时间只是思维的一种样态，并未给一般样态添加任何东西。

五十八、数和一切共相都只是思维样态。

同样地，数不是在任何被造物中而是被抽象而一般地加以考察时，仅仅是一个思维样态；一切所谓共相皆是如此。

五十九、共相是如何形成的？它们是五大类逻辑概念，即 genus（种）、species（属）、difference（属差）、property（特性）、accident（偶性）。①

这些共相的产生只是因为我们使用同一个观念去思想彼此相似的一切个别事物，而且我们也将这个观念所代表的一切事物都包含在这同一个名字之下，这个名字就是共相。例如，我们看到

---

① 这五大类逻辑概念中国学者曾译为"五公"或"五旗"。——译者

两块石头，我们不对它们的本性做更多的考虑，而只注意它们是二，我们就形成某个数目的观念，我们称之为成双；随后我们又看见两只鸟或两棵树，我们没有对它们的本性做更多的思考就观察到，它们都有两个，我们重提我们先前已有的相同的观念，它是共相，从而我们用这相同的普遍名字——"成双"来称呼这个数。同样地，我们在考察一个由三条线圈成的图形时，我们就形成了一个关于它的观念，我们称之为三角形观念：我们随后就用这同一观念作为一个共相，以表示我们心中一切由三条线组成的图形。当我们更进一步考察时注意到，这三条线组成的图形中有的有一直角，其他的则没有，我们就形成一个直角三角形的普遍观念，而将前面那些三角形观念作为较其更为一般的观念可名之为"属"（species），而直角则是普遍的属差（differentia），将直角三角形与一切其他三角形区别开来。如果我们还看到，直角的对角线的平方等于其他两条线的平方，而且这个特性仅仅为这一种类的三角形所有，我们可称之为"特性"。最后，如果我们设想这类三角形有些是运动的，有些是不运动的，我们就可将这种运动视之为它们的一个普遍的"偶性"，这样，我们就将这五种共相列为：种（genus）、属（species）、属差（differentia）、特性（proprium）、偶性（accidens）。

六十、关于差别，首论实在的差别。

事物自身的数来源于事物间的差别。有三种差别：实在的差别、模态的差别、理性的差别。实在的差别原义是存在于两个或更多实体之间的差别。仅从我们不思及其他实体即可清晰明白地认得某一实体而言,我们就可以断言,这两个实体是实在互相有别的。因为按照我们对上帝的知识,我们确信,上帝能够使我们清晰认知的一切都成为现实。正因此故,例如,我们现在有广延实体或有形体实体的观念,虽然我们还不确知这些实体是否真实存在。然而,我们有这些实体的观念,因而就可断定它们可能存在,而且如果它们存在,则它可由我们思想加以区分的每一部分必然有别于这同一实体的每一其他部分。同样地,因为我们每一个人都发觉自己在思想,而且可以在思想上把一切其他实体,包括思维实体和广延实体,都排除在其自身之外,所以,如此考虑的我们每一个人确实不同于每个其他思维实体和每个有形体实体。即使我们设想上帝曾将某个有形体实体与某个思维实体紧密得不能再紧密地结合在一起,从而由此二者创造了某一个事物,然而它们仍然是实在不同的,因为上帝虽然可将它们紧密地结合在一起,但是他不可能消除他自己先前把它们分开的力量,不可能保其一而弃其余。

六十一、关于模态差别。

有两类模态差别:一是样态和样态依存的实体间的差别,一是同一实体的两个样态间的差别,我们之能认识前者,乃因我们无需我们所说有别于实体的样态即可明白地了解实体;反过来说,我们不可能觉知这个样态而不觉知这个实体。例如,在形状或运动与它们皆存在其中的有形实体之间有一种模态差别,在肯定和回忆与心灵之间也有一种样态的差别。至于其他种类的差别,其特点在于我们可离开其他样态而思考一种样态,反之亦然,但是,我们如不承认两种样态皆存在于一个共同的实体,则既不能想象这个样态，亦不能想象那一样态。例如，有一块石头是运动的而且是四方形的，我们可以想象这个四方形的形状而不知道它是运动的，反之，我们可能了解它是运动的，但不知其为四方形。但是，我们如果不了解这个石头实体，我们就不可能了解这个运动，也不可能了解这个四方形。至于一个实体的样态借以有别于其他实体或有别于其他实体的样态的差别，正如一个物体的运动之不同于其他物体或不同于心灵，或正如运动之不同于绵延。在我看来，我们应称其为"实在的"，而非"模态的"，因为我们不能离开实体而明白地思考这些样态，这些样态乃是这些实体的样态，而实体是与样态实在有别的。

六十二、关于理性的差别。

最后，理性的差别是实体和其某个这样的属性之间的差别，没有这个属性，实体本身是不可理解的；或者说理性的差别是同一实体的这样两个属性之间的差别。从下面这一事实，我们就可明显看出这一差别：如果我们从一实体中排除这一属性，我们就不能对这一实体形成清晰明白的观念；或者说如果我们把一个属性同另一属性分开，则我们不能对其有一个明白的观念。例如，任何一个实体如果停止延续，也就停止存在，因此实体只是在理性上区别于它的绵延，而且我们认为存在于对象中的一切思想样态仅仅在理性上区别于对象，而它们则是对象的思想；而且它们也在理性上在同一对象中相互区别。我还记得，在别的地方，在回答对《沉思录》的反驳时，我曾将这类差别与样态差别结合在一起，但是在那里我没有机会对它们做仔细的区分，那时只要把它们都与实在的差别区分开来，我就满足了。

六十三、我们怎么能够有思维和广延两个不同的概念？一个构成心灵的本性，一个构成物体的本性。

思维和广延可被看作是构成理智实体和有形体实体的本性；因而我们只能将它们理解为思维实体和广延实体本身，亦即心灵和物体，因为这样我们能对它们有最清晰明白的理解。而且我们对思维实体和广延实体的理解，较之舍掉思维和广延仅思考实体要更容易。因为要将实体概念与只在理性上有别于实体的思维和广延的概念分离开来，是有某种困难的。我们的概念不是因为包含少数几个事物就变得更为清晰，而仅是因为我们将其包含的事物与所有其余概念区别开来了才更为清晰。

六十四、我们怎么会将思维和广延也看作实体的样态？

我们亦可将思维和广延认作实体的样态。同一心灵可有许多不同的思想，同一物体可保持同量而有许多不同形式的广延，有时其长度大些，宽度或高度小些，有时其宽度大些，而长度小些。因此，思维和广延是作为样态而与实体相区别的；只要我们不把它们认作实体或认作与他物相分离的事物而仅仅视作事物的样态，那么我们就可以同样清晰明白地对它们加以设想。因为当我们认为它们是作为样态而存在实体中时，我们是将其与这些实体分别开来，将它们视为它们实际之所是。反之，如果我们想认为它们是离开它们存在于其中的实体的，结果就是视它们为独立自在的事物，这就将样态观念与实体混淆了。

六十五、我们怎么会知道思维和广延的样态？

如果我们认为思维的许多不同的样态（如理智、想象、记忆、意愿等等）和广延的许多不同的样态（如一切形状、各个部分的位置和运动等等）只是它们存在于其中的事物的样态，我们就能最恰当地了解思维和广延的样态。至于运动，我们只要思考运动本身，而不求解释产生运动的力，就能最好地了解运动。不过我在适当的地方将对力作出解说。

六十六、我们对感觉、情感、欲望也有明白的认知，不过，我们常常对它们做出错误的判断。

我们也可以对我们的感觉、情感、欲望有明白的认知，只要我们小心避免对它们做出任何超出我们知觉所包含的、我们意识到的东西的判断。但是奉行这一点是十分困难的，至少在感觉方面是如此。因为我们每个人无不从生命之始就进行判断，认为我们日常感知的一切事物都有一种在我们思想之外的存在，而且与我们的感觉完全相似，亦即与我们对事物的知觉完全相似的。例如，我们见一种颜色，我们认为我们正在看某个处于我们之外而且与我们自己那时正在经验着颜色观念完全相似的事物；由于这种判断的习惯，我们似乎就觉得对此看得如此清晰明白，以致相信它是确定无疑的。

六十七、我们在判断痛苦本身时常常自我欺骗。

在其他一切感觉那里情况也是如此，即使快乐和痛苦。这些感觉虽然被认为并不存在于我们之外，然而它通常不被认为仅存在于我们的心灵或知觉，而是也存在于我们的手、我们的脚和我们身体的其他部分。我们没有理由非得相信例如我们在脚上感到的痛是处在于我们心灵而不存在于我们脚上的东西；我们也没有理由相信，我们以为自己从太阳看到的光实际是在太阳里。因为二者都是我们青年时代的偏见，这一点我们在下面就可看得明白。

六十八、我们在这些事物中如何区别开我们明白认知的东西和我们可能弄错的东西？

但是，为了在这里可以将明白可见的东西和模糊不清的东西区别开来，我们应当特别注意，当我们将痛苦、颜色以及其他此类事物仅仅看作感觉或思想时，我们有一种清晰明白的感知。但是，当我要判断这些事物是否存在于我们的心灵之外时，却决不能了解它们究属哪类事物。当一个人说他在一物体上看见颜色或在一臂膀上感到痛时，就好像是要告诉我们他在那里看到或感到了某种他完全不知其本性的东西，或者说，他不知道他看见或感到了什么。纵然他在不那么注意细查自己的思想时，也许会很容易地使自己相信他对此已有某种知识，因为他设想存在某种类似于他所感受的色感或痛感的东西，然而如果他检察一下这种似乎存在于有色物体或受痛肢体身上的色感或痛感所传达给他的东西，他就会注意到自己对此是完全无知的。

六十九、我们知道大小、形状等等大不同于颜色和痛苦等等。

如果我们做下面的考虑，这一点则尤为明显，即：大小、形状、运动（至少是位置运动，因为哲学家由于想象有某些不同于此类的运动使得运动本身成为不可理解的）、位置、绵延、数以及其他我们已经提及的类似事物，是存在于我们已见的物体中，是我们在一切物体中明白感知的，我们是以一种完全不同于认知同一物体中颜色、痛苦、气味、滋味以及任何其他这类特性的方式去认知它们的，后面这些都属于感觉。因为当我们观察某一物体时，我们虽然正如就其显现为具有形状而确信其存在，亦就其显现为具有颜色而确信其存在，然而我们知道物体之具有形状较之其具有颜色要明白的多。

七十、我们对可感事物可以两种方法加以判断：用一种方法，我们可避免错误，用另一种方法，我们会陷入错误。

显然，当我们说我们在对象上面感知颜色时，这就完全像在说我们在并不知其本性的对象上面感知了某物，但此物在我们身上产生了一种非常明白的生动的感觉，此物即名为颜色感觉。但是，我们判断它的方法却是多种多样的，因为只要我们相信，在我们所不知的对象中有某种东西（也就是说在产生了这种感觉的事物中，不论这是什么事物），我们就远不会陷入错误，相反，我们毋宁说会对错误做出反对，因为我们不大可能对我们预先已经注意到我们对之无知的事物作出匆促轻率的判断。但是当我们认为我们感知了对象的颜色时，虽然我不知道我们称之为"颜色"的东西究竟是什么，也不了解我们以为是在对象中的颜色和我们在自己感官中感到的颜色之间有什么相似性，然而，我们由于没有注意这一点，没有在这些对象中觉察出若干其他性质，如大小、形状、数、等等，这些性质我们是明白知道存在于或可能存在于对象中的，正如我们的感觉或理智告诉我们的那样，我们就很容易陷入错误，认为我们所谓的对象中的颜色是与我们感知的颜色完全类似的某种东西，因而设想我们对根本没有感知的东西具有一种明白的感知。

七十一、错误的主要原因来自童年时代的偏见。

这里我们可以认识一下一切错误的第一和主要的原因。在生命初始之际，我们的心灵与肉体联系得如此密切，除了借以觉知那些影响肉体的东西的思想之外，心灵不关涉任何他物，也与任何存在于自身之外的东西无关，但是当身体受伤害时它会感到痛苦，当身体得到利好时它会感到快乐。当身体受到既无大益亦无大不利的影响时，心灵就会有我们称之为滋味、气味、声音、热、冷、光、颜色，等等的感觉，它们并不代表我们心灵之外的任何东西，但是随影响物体的部分和样态之不同而不同。同时，心灵亦感知大小、形状、运动等等，它们并不向心灵表现为感觉，而是表现为某些事物或事物的样态，存在于或至少可存在于思想之外，纵然心灵还不能看出这二者的区别。再者，身体机器被自然如此地创造以致可以其自身的力量进行各种形式的运动。当其随便以这种和那种方式转而追求某种愉快的事物，或者逃离某种不愉快的事物，附随身体机器的心灵就会开始注意到，物体如此追求或逃避的那些事物是在自身之外的，而且不仅大小、形状、运动等等属于物体（它们非常明白地被感知为事物或事物的样态），就连气味、滋味以及其他也属于物体。心灵注意到的对于它们的感觉是那个事物产生的。而且心灵将一切事物都仅仅与它浸入其中的身体的效用联系起来，因而就认为，影响身体的每个对象都或多或少有其实在性，按其对身体造成的印象之强度大小而定。结果,心灵认为,岩石和金属较之水和空气有多得多的实体性或形体性,因为我们感到前者更硬和重。空气只有被一阵风吹动而且使人感到冷热,才会被认为是某种东西。因为星星并不比微亮的蜡烛放出更大的光,所以它不被认为有更大的光焰。再者,人们还没有认识地球是自转的,其表面是如球那样弯曲的,因而人们更倾向于认为地球是不动的,其表面是平的。我们的心灵从童稚早年就充满了成百上千这类的成见。后来到了青年时代,我们完全忘记了我们未经深思熟虑就把它们作为完全真实和确定的见解接受下来,仿佛它们是由我们的感官认知的,或由自然灌输给我们的。

七十二、错误的第二个原因在于我们不能忘记这些偏见。

成年时期,我们的心灵不再屈从于物体,不把一切都归之于物体,而是也探讨事物自身的真理。我们发现,往日形成的许多判断是错误的。然而,要心灵从其记忆中抹去这些错误判断,却非易事,而只要它们依然存在心中,就会成为种种错误的原因。例如,从我们最早的幼年时代,我们就想象星星是微小的物体,我们很难想象它们会是与我们最初的概念全然不同的东西。

七十三、第三个原因是:心灵在倾注于未呈现于感官的对象时感到疲惫;因此我们习惯于不以现有的知觉而以预想的意见判断对象。

我们的心灵集中精力关注任何一个事物都不可能没有艰辛和疲

急，在一切对象中它以最大的艰辛集中注意的是那些既不现象于感觉亦不现象于想象的事物，它之如此或是由于与物体的结合，或是由于我生之初对感觉和想象用力偏多而生成如此而非如彼的思维事物的方式和能力。正因得了这个习惯，许多人不相信，除了可想象的、有形体的和可感觉的事物之外还有实体。他们不知道，只有那些有广延、运动和形状的事物才是可想象的，而许多其他的事物则是可理解的；他们不相信除了物体之外还有任何东西存在；最后，他们不相信，有不可被感觉的物体。而且既然我们实际上不能仅仅通过感官感知任何对象本身，就像我们将在后面指明的，其结果是：绝大多数人在其一生中只能糊涂混乱地感知事物。

七十四、第四个原因是：我们将我们的概念附于不确切符合现实的语词。

最后，因为我们为了用语言表达，将一切概念都附于语词之上，而且更多地是通过这些语词记住这些概念。由于相比于事物我们更容易记住语词，由于我们从来没有对任何事物有一种如此清晰的概念，以致我们可以将它与这些语词的一切概念分离开来，而且几乎所有人的思想都更关注语词而非事物。因此，人们经常对他们所不理解的语词表示认同。因为他们认为自己先前已了解这些语词了，或者认为他们从那些正确理解这些语词的人学习了这些词语。虽然此处不是专门讨论这个问题的地方，而且我也没有研究过人的身体的本性，甚至没有证明过任何物体的存在，然而，在我看来，我所说的一切似可有助于将那些清晰明白的概念与那些模糊混淆的概念区分开来。

七十五、为了正确地进行哲学思维，必须注意诸事概述。

因此，为了进行认真的哲学思维，去发现关于一切可知事物的真理，首先，我们必须抛弃一切成见，必须谨慎避免相信昔日接受的任何意见，除非我们先已做过新的审查而确知其为真。其次，为了正确地进行下去，我们必须注意我们自己提出的概念，我们在注意它们时对它们有清晰明白的认知的那些概念而且只有那些概念才能被认为是真的。这样，我们第一知道的就是，就我们的本性是思维而言，我存在，同时我们也知道有一个上帝，我们依存于他；在考察了上帝的属性之后，我们将可研究其他事物的真理，因为上帝是万物的原因。最后，我们应当注意，除了上帝和我们的心灵的概念，我们还有许多关于永恒真理的命题的知识，例如，无不能生有，等等。同样，我们有关于某一个有形体自然、关于一个有广延的、可分的、运动的自然的观念，也有某些刺激我们的感觉，例如，痛苦、颜色、滋味等等（虽然我们还不知道有些感觉的原因）。通过将这些事物与先前那些考虑得更混乱的东西比较一下，我们将获得为一切可知的事物构成清晰明白概念的一次训练。在我看来，人类知识的主要原理就包含在这少数几条箴言中。

七十六、我们应更信神圣权威而非我们的知觉，而且相信没有感知到的事物的不是哲学家。

我们坚持下面这个正确无误的法则，即上帝启示给我们的东西无可比拟地比任何其他事物更确实可信。尽管理性之光的一点火星似乎非常显然明白地提示给我们某种别的东西，但是，我们无论如何必须相信神圣的权威而不是我们自己的判断。但是，在神圣信仰并未给我们以任何训示的那些问题上，一个哲学家不应接受他不确知其为真的东西是真的，也不应更相信感觉即童年时代未经深思熟虑形成的判断，而不相信成年的理性推理。

第二编　物质事物的原理

一、我们确信物质事物存在的根据是什么？

虽然我们无人不确信物质对象的存在，但是由于我们之前不久还对这个说法有所存疑，将之归入幼时偏见之列，因此，我们现在必须探究一下其被视为确实知识的理由。确实，我们感知的一切无疑都来自不同于我们心灵的某物。因为我们没有能力说自己感受这一感觉而不感受另一感觉；每个感觉显然都取决于刺激我们感官的对象。我们可能会问那个对象是上帝还是不同于上帝的某物。但是，因为我们感觉或者说感官使我们清晰明白地感知有长宽高广延的某一物质（其不同部分具有各种形状和不同的运动）并亦使我们产生色、味、痛等感觉，所以如果上帝直接给我们的心灵提供这个广延物质的观念，或者他仅仅让某种无广延、无形状、无运动之物提供这些观念，那么，我们恐怕找不出任何理由不认为上帝是骗子了。因为我们显然认为这个假设之物不仅完全不同于上帝，而且也不同于我们自己和我们的心灵；再者，我们似乎明显地看到，关于它的观念来自我们之外的对象，与这些对象完全相似；而且正如我们早已指出的，说上帝是一个骗子，这与上帝的本性全然相悖，因此，我们必须做出结论：存在一个具有长宽高三维的广延对象，而且它具有我们明白感知属于广延对象的一切特性。这个广延对象我们称之为物体或物质。

二、我们知道心灵与身体是紧密相连的根据是什么？

同样，我们可以做出结论说，某一物体比任何其他物体与我们的心灵有更密切的联系。这是根据这一事实得出的：痛苦和其他感觉可能无意间发生，而且我们的心灵意识到这些感觉并不只是来自自身，也不只是属于自身，因为自己是思维的存在，相反这些感觉来自于自己与一广延和运动的事物即人体的联系。不过此处还不是详细讲解这个问题的地方。

三、感官感觉没有告诉我们事物真正是什么，只告诉我们事物对身心的联结是有益或是有害。

我们只须注意，我们的感官知觉只与人体与心灵间存在的直接联系有关，而且我们通过它们认识到外间对象如何有利于或不利于这种联系，但是，除非在偶然的情况下，它们不会告诉我们这些事物本身是什么样子。在此之后，我们将毫无困难地抛弃一切由感觉产生的偏见，而在这方面仅仅信赖我们的理智，审慎地思考由自然根植于人们心中的那些观念。

四、物体的本性不在于重量、硬度、颜色等，只在于广延。

这样，我们会看到，一般说来，物质和物体的本性并不在于它是硬的或重的或有色的或以别的方式刺激我们的感官，而只在于它是一个具有长、宽、高三维的广延的实体。至于硬性，我们的感官对它毫无所知，除了晓得硬物体的各个部分与我们的双手接触时会与后者的运动发生抗拒；而且当我们在一个方向上移动我们的双手时，如果那里的物体以我们双手达到的速度后退，我们肯定不会感到任何硬性。然而我们没有任何理由认为如此后退的物体会因而不再具有物体的本性。因此物体的本性并不在于硬性。同样的理由表明，重性、颜色和所有其他这类在物质实体中感到的特性皆可消除，而实体完全保全如故。由此可见，物质的本性是不依存于任何这类特性的。

五、人们关于稀薄和虚空的成见。

仍然有两个原因使人们怀疑物体的真正本性仅在于广延。第一个原因是一种普遍流行的信仰，即认为许多物体可以变稀薄或变浓缩，以致在稀薄时较之在浓缩时具有更大的广延性，而且有些人眼光如此敏锐精细，甚至企图将物体的实体区别于它的量，又将这个量区别于它的广延。另一个原因是我们不习惯在那些被认为只有长宽高三维广延性而无他物的地方说存在一个物体，而更乐意说存在的只是空间，是空虚的空间，而且人人又相信这个空间是纯粹的虚无。

六、稀释是如何发生的？

关于稀释和浓缩，凡是仔细考虑自己的思想而拒绝承认任何他没有明白感知到的东西的人都不会承认在这个过程中除了在稀释、浓缩的物体中有一形状的变化之外还有什么东西，也就是说，稀释的物体是那些其各个部分间有许多填满其他物体的空隙的物体,而那些浓缩的物体,相反地则由于其各个部分彼此接近,使其距离缩小或完全消失,在这种情况下,就使物体浓缩到不能再浓缩的地步。然而,物体不会比它由于其各个部分不断地被分离开而占有较大空间时的广延更小。因为我们不应将物体各个部分并不占有的空隙和漏孔的广延归属于这个物体,而应归属于占据这些空隙的其他物体。当我们看到一块浸满水或其他液体的海绵时,我们不认为海绵的每个部分因此就比它在挤掉水液和干燥时具有更大的广延,只是它的孔隙更加宽,因而分配给一个更大的空间罢了。

七、不能以其他方式解释稀释。

我的确看不出来有些人何以会喜欢说稀释是由于量的增加而发生的,而不愿意用海绵这个例子来解释它。因为虽然我们在水或空气变稀薄时并没有看到其孔隙变大或有新的物体进来填满孔隙,但是为了仅用言辞的手段来解释稀释作用而想象某种不可理解的东西要远比从物体变稀薄、孔隙变大、新物体浸入这些孔隙(即使我们的感官可能并未感知这个新物体)来解释不合理。因为没有任何理由迫使我们非得相信,我们应当靠我们的感官感知我们周围存在的一切事物。而且我们觉得以这种方法而不以任何其他方法解释稀释作用是非常容易的。最后,这跟设想任何物体有新加的量或新加的广延而没有新加广延实体即一新物体,无疑会是矛盾的。因为如果想象一个物体由于有一新的量和新的广延而使自己增大,但又不同时增加一新的广延的实体或物体,那完全是自相矛盾的。因为除了增加一具有广延和量的实体,要发生广延和量的增长,是不可想象的。我们将在下面更明白地说明。

八、量和数只在思想中不同于有量的东西和被计数的东西。

量之不同于广延实体，不在实在中，而在我们的概念上；数之不同于被计数的事物，亦不在实在中，而在我们的概念上。例如，我们可以考虑容积为10呎的一个有形体实体的整个性质，即使我们并未注意10呎这个容量，因为这个物体的性质在这个容积的任何部分和全体是完全一样的。反之亦然，即使我们没有注意到在那里的特定实体，我们也可以充分地理解10这个个数或一个10呎的容积，因为10这个个数的概念总是同一个概念，无论它与这个10呎的容量有关，还是与别的10个什么东西有关。而且我们不可能想象10呎的一个连续量而不想到某个广延实体，10呎就是它的量，但是我们可以想象这个量而不想到那个特定的实体。不过，实际上即使要取消这种量和广延的极小一部分而不同时取消一同量的实体，那是不可能的。反之亦然，不减掉同样大小的量和广延而欲去掉极小一部分实体，也是不可能的。

九、有形实体与其量分开时被混乱地设想为非有形的。

有的人对这个问题虽有不同的说法，但我并不认为他们对这个问题有不同的看法。当他们把实体与广延或量区别开来时，他们或者不了解"实体"一词究指何物，或者他们只有一个无形体实体的混乱观念，并且将其性质错误地归之于有形体实体。他们将有形体实体的真实观念留给广延的范畴，而称之为"偶性"。由此不难看出他们言语所说与他们心中所想是完全不同的。

十、空间或内在地点的本性。

空间或内在地点无异于涵盖于其中的有形体实体，只是我们想象它们的方式有所不同而已。因为实际上构成了一个物体占据的空间的具有长宽高三维的广延，恰恰与构成此物体的广延是同一的。它们之间的区别只在于：在物体方面，我们认为其广延是一个别的事物而且认为每当物体变化时它亦变化；反之，在空间方面，我们把一种类的统一性归之于这个空间的广延。因此，当占据这个空间的物体已然变化时，这个空间本身的广延却不被认为已经变化，而是保持同一不变，只要它仍是同一大小、形状并且对其他物体保持同一地点，我们就以此规定这个空间。

十一、空间实际上与物质实体没有差异。

如果我们注意我们关于某个物体的观念，例如关于一块石头的观念，把一切我们知道并非物体本性的东西都从这个观念去掉，我们就很容易理解同一广延既构成物体的本性也构成空间的本性，而且这两者的区别只在于一是种类的本性，一是个体的本性。首先，我们可去掉硬性，因为如果这块石头被熔化掉或碎成粉末，它会失去硬性，但不会因而不再是一物体；其次，我们可以去掉颜色，因为我们常看到石头透明得没有颜色；我们还可以去掉重量，因为我们看到火尽管是极轻的，但是它仍然是物体；最后，我们可以去掉冷、热和其他所有不被认为总为石头所有的特性或者石头的可以变化但石头并不会因之失去其物体性的特性。因为我们明白地注意到，在我们的石头观念中，除了它是某种具有长宽高三维的广延的事物之外，没有任何东西保留下来；我们的空间观念所包含的也是这一事实，不仅充满物体的空间是如此，被称为虚空的空间亦然。

十二、空间和物质实体在我们构想它们的方式上的不同。

然而我们构想空间的方式是不同的。因为当一块石头从其所在的空间或地点被移开，我们会认为它的广延也被移开，这是因为我们认为广延是唯一无二的，与物体不可分的。然而，我们认为石头原来所在的地点的广延还是同样的，尽管石头的地点现在可能被木材或水或空气或任何其他物体所占据，甚至也许是空无。因为我们现在是对广延做一般的考察，因此同一广延可以认为是石头、木材、水、空气或其他物体甚至虚空（如果有这样的东西）所共同的。只要它们具有同样的大小、形状，在规定其空间的外部物体中保持同样的位置。

十三、外在地点是什么？

"空间"和"地点"这两个词不表示与处于一个地点的物体不同的东西，而只是表示这一物体相对于其他物体的大小、形状和位置。为了确定这个位置，我们必须考虑其他某些我们认为不动的物体，按照我们考虑的那些不同物体，我们可能发现，同一事物同时既改变其地点，又不改变其地点。例如，我们看一个人坐在一只船的船尾，当船航行出海时，就他与船各部分关系说，他一直处在同一地点，但是就他与海岸的关系说，他的地点是不断地在变化的，因为他在不断驶离一处地点而转向另一地点。进而言之，如果我们认为地球是动的，而且是绕轴自转的，地球从西向东运行，正如船从东向西，那么位于船尾的那个人在我们看来并未改变他的地点，因为我们要以天上不变的点来规定他的地点。最后，如果我们认为在宇宙中根本没有真正不动的点（现在已证明点能动是可能的），那么就可得出结论：任何东西都没有一个固定不变的地点，除非这个地点是我们的心灵所规定的。

十四、地点和空间的不同。

地点和空间这两个词是不同的，因为地点更确定地指示位置而非大小、形状，反之，我们谈论空间时则更经常想到后者，因为我们常说一个事物占据了另一个事物的位置，尽管它并不具有完全同样的大小或形状，而且我们不认为它和另一事物占据同一空间。另外，当一物体的位置变化了，我们说它的地点变化了，尽管它的大小和形状仍像以前那样。因此当我们说一个事物处于某个地点时，我们的意思只是说，它处于与其他事物有关联的某个位置，但是，当我们说它占满了那个空间或那个地点时，我们的意思是说，它具有一定的大小和形状，恰好占满了这个空间。

十五、外在空间怎样被正确地看作围绕物体的表面。

我们总是将空间看作就是具有长宽高三维的广延，但是，我们有时认为地点是在占有地点的事物中的，有时认为地点是在这些事物之外的。内地点确实与空间没有区别的，但是我们有时认为外地点是直接围绕位于其中的事物的表面。应该指出，我们这里所谓的

"表面",不是指围绕物体的任何部分,而只是指围绕物体和被围绕物体之间的界限,这一界限只是一种样态。换言之,我们所谓的"表面"乃指共同的表面,它既不是此一物体的部分,也不是彼一物体的部分,只要它保持同一的大小和形状,我们就永远认为它是同一表面,因为即使这个围绕的物体的整体及其表面发生了变化,我们也不会断言,被围绕的物体改变了其地点,只要被围绕的物体相对于被认为静止的外部物体保持同一位置。例如,我们假定一只船以完全同等的力被一条河流冲向一个方向,被风吹向另一个方向,因此在河流两岸间的位置不变,任何人都会很容易地承认,船仍保持在同一地点,虽然围绕它的整个表面全变了。

十六、说存在着其中绝对没有任何东西的虚空或空间是自相矛盾的。

哲学意义上虚空,即其内无任何实体的空间,显然是不可能存在的,因为空间或内地点的广延与物体的广延是没有差别的。仅从一个物体就是具有长宽高三维的广延的事物这一事实我们就有理由做出结论:它是一个实体,因为虚无具有广延是绝对不可想象的,对于据说是空虚的空间我们也应做出同样的结论:既然这个空虚的空间确实具有广延,则其中必然亦有实体。

十七、通常意义上的虚空并没有排除掉所有东西。

当我们就其通常意义提及"虚空"一词时,并非指其中一无所有的空间或地点,而只是指一个其中没有我们认为它应该含有的事物的地点。一个缸是制来装水的,当它只充满空气时,我们说它是空的。如果鱼塘里没有鱼，我们也说它是空的，即使有满池塘的水。同样地，我们说一个货船是空的，如果原计托运的商品被代之以沙土。一个空间也被说成是空的，如果它不包含任何可感的事物，即使它包含被造的物质和自在的实体；因为我们已惯于只考察那些为我们感官所感知的事物。因此，如果不去注意"虚空"和"虚无"二词的涵义，而是认为我们称之为"空"的空间中不仅不包含任何可感的事物，而且不包含任何东西，那我们就是犯了与下面的错误同样的错误，我们因为一个大水罐只含空气而常被说成是空的就断定包含于其中的空气不是实体物。

十八、我们关于绝对虚空的偏见应如何改正？

我们从生命之始几乎全都犯过这个错误，因为看到容器与其包含的物体没有必然的联系，我们就认为，上帝能够将所有藏在容器里的物体移走而不使其他物体占有它的地点。但是，为了能够纠正这个错误，我们就必须留意，容器与其包含的物体虽无必然的联系，但是在这个容器的凹形和包含于其中的广延之间却有绝对必然的联系。因此，想象一座没有深谷的高山并不比想象一处没有其所包含的广延的空穴或者没有广延实体的广延，更矛盾悖理，因为正如我们曾反复指出的，虚无不能有广延。如果你问：假如上帝把包藏在一个容器里的物体全部移走，但不允许别的物体占据其地点，会发生什么情形？我们会回答说，这个容器的各个边会立刻互相紧挨在一起。因为两个物体无物介乎其间时必然互相接触，因为如果这两个物体互相离开或者彼此存有距离，而这个距离实为乌有，那显然是矛盾的；因为距离是广延的一个样态，所以没有有广延的实体，就不可能有距离存在。

十九、这证实了我们关于稀释所说的。

前已指出，物质实体的本性仅在于它是一个广延的事物，而且它的广延与通常归之于一个完全空的空间的广延没有区别，因此我们很容易认识到，空间的任一部分在一个时间比在另一个时间占有更大的空间是不可能的，也不可能以任何不同于前述的方式被稀释；我们也会认识到一个容器装满黄金、黑铅和其他又重又硬的物体时不会比装入空气而似乎是空的时具有更多的物质或有形体的实体：因为物质的量并不决定于其各部分的重量或硬度，而仅决定于广延，其广延在同一容器里永远是等量的。

二十、这还表明不存在原子。

我们也知道，任何原子或物质的任何部分都是可分的。无论这些部分可以多么小，它们毕竟是广延的，因而我们仍可想象它们每个都可一分为二或分为更小的部分，由此我们知道它们是可分的。因为没有任何我们可以在思想上加以分割的东西，我们不能承认其为可分的，这是因为如果我们断定它是不可分的，那么我们的判断就是与我们的物质知识完全相反的。我们纵然可以设想上帝能够使某个物质微粒变得极度的小，以致它不能再分得更小，这个微粒亦不当称之为不可分的，这是因为上帝虽使这种微粒小到如此地步，以致任何创造物都没有分割它的能力，但是他不可能剥夺自己的分割能力，因为上帝绝不可能减小自己的全能。因此，绝对说来，这个微粒将保持其可分性不变，因为其本性即是如此。

二十一、这还表明世界是无限延伸的。

我们知道这个世界或这个物质实体的宇宙的广延是无限的，因为无论我们想象何处有一终点，我们不仅仍能想象在其限界之外有无限的广延，而且我们还知道它们就是我们想象的那样；也就是说，它们包含着一个无限广延的物质实体。因为我们想象的存在于任何空间的广延观念都与有形体实体的观念是同一观念。

二十二、这表明天宇的物质和地球的物质是一样的，而且表明不能有多个不同的世界。

由此不难推知，天宇的物质与地球的物质并无不同，而且即使有无数多个世界，它们也全是由这个物质构成的；由此可见，不可能有多个不同的世界，因为我们明白地了解，物质的本性只在于它是一广延的实体，它占据了一切可想象的空间，其他的世界必皆在这些空间中，而且在我们这里不可能发现有其他物质的观念。

二十三、各种物质或物质的各种形式依赖于运动。

因此，在全宇宙中只有一个物质，我们知道这一点，只是因为它是一个广延的事物。我们在物质中感知的一切特性都可还原到一个事实，即它可按其部分分开和运动，因而我们感知的这些作用都能从其部分的运动产生。因为我们的心灵虽可想象这个物质的分解，但是单单这个想象并不能给予物质以任何改变，毋宁说，物质的一切变化、物质形式的繁复多样，都是由运动决定的。哲学家们无疑注意到了这一点，因为他们曾经多次说过，自然是运动和静止的本原。所谓"自然"他们理解为一切有形体事物之据以成为其所经验的存在的东西。

二十四、通常意义上的运动是什么。

运动依其通常意义是指，<u>物体以之从一个地点到达另一地点的活动</u>。运动就是地点运动，因为我想象不出有其他种类的运动，因而我不认为我们应当想象自然界内有任何其他种类的运动存在。正如我在前面指出的（见本编第十三节），同一事物可以说同时既在变又不在变，同样我们也可以说它既在动又不在动。例如，一个人位于一只船上，这只船正在驶离港口，如果他只看他离开的被认为是静止的河岸，他会认为自己在运动；但是如果他转而注意一下他与其一直保持同一位置的船的各个部分，他就不会这样看了。因为我们习惯于认为，没有活动就没有运动，静止就是停止了活动，因此位于船中的这个人更恰当地可以说是在静止的，而不是在运动的，因为他没有意识到自身有任何活动。

二十五、严格意义上的运动是什么？

如果我们不是按照通常的用法而是根据物质的真理来理解什么是运动，那么我们可以说它是物质或物体的一个部分从与其直接连接的物体的且被认为是静止的紧临关系转移到与其他物体的紧临关系。关于一个物体或物质的一个部分，我意指的是一切被同时运送的事物，尽管这可能是由许多自身有其他运动的部分组成的。我也可以说，进行转移的既不是力也不是活动而是运送，以表明运动永远在可动物中，而不在发动物中；因为这两者在我看来并没有被十分准确地区分开来。据我了解，运动是可动物的一个样态，而不是一个实体，正如形状是有形状物的样态，静止是处于静止状态的事物的样态一样。

【中译者按：本编其余各节（第二十六节—第六十四节），仅译标题。】

二十六、运动并不比静止需要更多的活动。

二十七、运动和静止只是运动着的物体的两个不同的样态。

二十八、严格而言，运动可以说仅与那些正运动着的物体相连的物体有关系。

二十九、运动同时仅与我们认为静止的物体有关系。

三十、为什么把将两个互相连接的物体分开的运动归属于其一，而不归属于另一呢？

三十一、在同一物体上面怎么可能有无数不同的运动？

三十二、严格说来，为每一物体所特有的运动怎么可能被认为是多样的？

三十三、在每一运动中怎么都有一起运动的物体的完全的循环？

三十四、由此可见，物质可分为无量数的微粒，尽管这是不可思议的。

三十五、无论这种分是怎么发生的，我们都一定不要怀疑它存在，尽管我们不能理解它。

三十六、上帝是运动的第一因，他永远保持着宇宙间等量的运动总和。

三十七、自然的第一规律，每个事物，就其自在而言，永恒保持其同一状态；当其一旦动起来后，它就永恒运动下去。

三十八、论抛射体的运动。

三十九、自然的第二规律：一切运动本身都是走直线的，因此进行循环运动的物体总是倾向于偏离其绕行的圆圈的中心。

四十、自然的第三规律：一个物体如与更强的物体接触，其运动不会丧失分毫；但是一个物体若与一较弱物体接触，则会丧失它传送给那个较弱物体的东西那么多。

四十一、这个规律第一部分的证明。

四十二、这个规律第二部分的证明。

四十三、每个物体的驱动力或抵抗力何在？

四十四、运动的对立面不是运动，而是静止。一个运动在一个方向上的规定是其在另一方向的规定的对立面。

四十五、如何断定一个物体在与其他物体发生碰撞时的变化？这要依据下面几条规则来确定。

四十六、第一规则。

四十七、第二规则。

四十八、第三规则。

四十九、第四规则。

五十、第五规则。

五十一、第六规则。

五十二、第七规则。

五十三、这些规则之应用是困难的，因为每个物体总是被许多邻近的物体所包围。

五十四、什么是固体物体和液体物体？

五十五、没有任何事物能与固体物体的部分相结合，除非它们是静止的。

五十六、液体物体的微粒是以一切方向上等量的力运动的。最微小的力就足以推动存在于液体中的固体物体。

五十七、上述问题的证明。

五十八、任何液体微粒的运动如果比存在其中的固体物体更慢，那么液体的这个部分就不会活动得像液体那样。

五十九、一个固体物体被另一固体物体推动，它的运动并不都是收受自后者，它也从周围的液体获取一部分运动。

六十、这个运动不可能从液体中获取比它从固体物体的冲击而造成的速度更大的速度。

六十一、当一整个液体物体同时在某一方向上运动时，它一定会携有一个浸没其中的固体物体。

六十二、当一固体物体为液体所裹挟时，我们不能说它是在运动。

六十三、为什么有些物体如此坚固，尽管极小之至，我们也难以用手工分割它们？

六十四、我不承认也不希望在物理学上有几何学或抽象数学之外的原理，因为一切自然现象皆可以此原理解释之，并给予它们以确实无疑的证明。

第三编　论可见的世界

一、上帝工作之崇高至上之无与伦比。

我们既已查明物质事物的某些原理不是来自感官的偏见，而是来自理性的光亮，因而我们不能怀疑其真理，我们的任务是考察一下是否仅从这些原理我们就能解释所有自然现象。我们就从那些最普遍且为其他现象所依赖的东西出发，例如可见世界的普遍结构。但是为了在这个问题上能正确地进行哲学思考，有两件事我们要予以注意。第一件事是要永远记住上帝的全能和善意，一定不要害怕过分推崇上帝工作的伟大、美和完善。相反，如果我们假设上帝的作品中有任何我们对之没有确定知识的限制或局限，我们会错失造物主的伟大和力量。

二、我们应当小心谨慎，免得自视过高，以为自己理解上帝创造世界的目的。

第二件事是我们应当谨小慎微，以免过高地估计自己。如果我们设想宇宙具有不为我们所知的界限，然而天启和自然的理性都没有向我们确认这一点，我们就是高估了自己，因为这会使我们的知识超越了上帝的创造。如果我们相信上帝创造万物只是为了我们人类,甚至认为我们的智慧能力足以领悟上帝创世前的预谋,这就更是高估了。

三、在什么意义上可以说万物都是为人创造的?

从道德观点看,相信上帝创造万物是为了人,这可能是一个善良而虔诚的想法,因为这可能促使我们更爱上帝而且感谢上帝对人赐福良多;这个信念在某种意义上是真实的,因为没有任何被造物是我们不能加以利用的,即使这种利用只是让我们的心灵通过思索发挥作用并赞美上帝;然而,上帝之为我们人类创造万物绝不可能是因为上帝在创造它们时并无他意。而且在我看来,这个设想就物理学问题而言是可笑的和愚蠢的,因为我们不可能怀疑事物存在着或曾经存在过,虽然它们现在已不复存在了,我们不可能认为它们从未曾为人类关注和理解过,也从未对人有任何用处。

【中译者按:以下第四节—第一五七节仅译各节标题】

四、论现象或实验,及其哲学的功用。

五、太阳、地球和月亮的距离和体积之比。

六、太阳和其他行星的距离。

七、恒星的遥远是不可想象的。

八、从天宇来看,地球不过是一颗小于木星和土星的行星。

九、太阳和恒星发射其自己的光。

十、月亮和其他行星的光来自太阳。

十一、地球的光与其他行星的光没有区别。

十二、月亮初升时，是由地球照明的。

十三、太阳可被看作恒星，地球可被看作行星。

十四、恒星相互之间永远处于同一位置，行星则不如是。

十五、这些行星现象可用各种不同的假设加以解释。

十六、托勒密学说没有令人满意地解释这些现象。

十七、哥白尼和泰荷的学说如果仅被看作假说并无区别。

十八、泰荷在文字上没有哥白尼给予地球的运动多，但实际上却多于哥白尼。

十九、我否认地球的运动，比哥白尼更审慎，比泰荷更确实。

二十、我们必须推测恒星距离土星极远。

二十一、太阳像一团火焰，是由一种非常活动的物质构成的，但它并不因此而从一个地点趋向另一地点。

二十二、太阳不同于火焰，它不需要燃料。

二十三、所有的恒星都不在同一范围内运转，但是每一个恒星都有一个庞大的空间围绕着它，其中空无其他恒星。

二十四、天宇是液体。

二十五、天宇携其所包含的一切物体于自身。

第三编　论可见的世界

二十六、地球停位于它自己的天宇，但它仍为其所携带。

二十七、所有的行星都是如此。

二十八、确切地说，地球是不动的，任何行星都是不动的，不过它们都是为天宇所携带的。

二十九、运动一定不可归属于地球，即使按"运动"通常的意义不严格地说，也是如此，但是，我们可以正确地说，其他行星是运动的。

三十、所有行星都由天宇携带绕太阳而行。

三十一、各个行星如何由天宇携之运行？

三十二、太阳上面的地点是如何运行的？

三十三、地球是如何绕其自身的中心旋转运动的，月亮又是如何绕地球转动的？

三十四、天宇的运动不是完全圆的。

三十五、行星在纬度上的变化。

三十六、行星在经度上的运动。

三十七、行星的一切现象都可以这里提出的假定予以解释。

三十八、按照泰荷的假定，应当说地球是绕自己的中心而转动的。

三十九、地球每年绕日轮转一周。

四十、地球位置的变动因为距离之极端遥远不影响恒星多样的现象。

四十一、恒星的这个距离是彗星的运动所需要的，现已确认，彗星乃是天体物体。

四十二、我们在地球上看到的一切事物都可算作现象，但是我们不必要首先就对它做全部的考察。

四十三、那些由之明白推出一切现象的原因不大可能是假的。

四十四、我还是希望我在这里提出的这些原因被看作假说。

四十五、我在这里也会采取一些被确认为错误的命题。

四十六、这些就是我提出来解释一切现象的命题。

四十七、这些命题的谬误并不妨碍我们可从其推出真实和确定的结论。

四十八、天体物质的一切微粒如何变成球状的？

四十九、围绕着球状微粒，必然会有一种更精微的物质。

五十、这些更精微的物质微粒是很容易被再分的。

五十一、这种微粒的运动极其迅速。

五十二、这个可见的世界有三种元素。

五十三、这个可见世界中亦可分别为三个天宇。

五十四、太阳和恒星是怎样形成的？

五十五、光是什么？

五十六、如何理解无生物之倾向运动？

五十七、在同一物体中怎么可能同时有不同运动的倾向？

五十八、进行旋转运动的物体如何力求离开其围之而行的中心？

五十九、这个离心力有多大？

六十、天宇的一切物质同样力求离开某些中心。

六十一、太阳和恒星的物体之为圆形的，其原因在此。

六十二、由于同样的原因，天体物质都倾向于退离恒星或太阳圆周的点。

六十三、天体物质的诸小球在这个倾向上并不互相阻碍。

六十四、这个倾向有助于我们解释光的一切特性，因此，光从这个原因可以看作来源于众星，纵然在这众星中并没有能产生光的力量。

六十五、天宇每一涡流的电磁极都触及距离其电磁极遥远的其他涡流的部分。

六十六、这些涡流的运动必有某种偏斜，因而它们在和谐地做功。

六十七、两个涡流的电磁极不能相互接触。

六十八、这些涡流具有不等的大小。

六十九、第一元素的物质从每一涡流的电磁极流向中心，又从中心流向其他部分。

七十、第二元素的物质不能做同样理解。

七十一、这个差别的理由是什么？

七十二、构成太阳的物质是怎样运动的？

七十三、太阳物体的位置有各种不同的等级。

七十四、太阳物质的运动亦有各种不同的等级。

七十五、这些不同等级无碍于太阳的形状是圆的。

七十六、第一元素物质位于第二元素诸小球之间时是怎样运动的？

七十七、太阳的光不仅漫射于日食，而且也漫射于电磁极。

七十八、太阳的光漫射于日食。

七十九、在对一个极微小的物体做出反应时，与其相距极其遥远的其他物体很容易被推动。

八十、太阳的光向电磁极发散。

八十一、太阳光的力在电磁极和日食时是同等的。

八十二、接近太阳的第二元素的小球比那些离太阳更远的小球更小、运动得更快，超出这个更远的距离，一切都是同等大小的，而且离太阳越远，运动得越快。

八十三、为什么距离太阳最远的比那些距离稍近的运动得更快？

八十四、为什么距离太阳最近的部分比离太阳略远的部分运动得更快?

八十五、为什么距离太阳最近的物质部分小于距其更远的物质部分?

八十六、第二元素的小球同时以不同的方式运动,因此它们被造成完全圆形的。

八十七、在第一元素的各种不同微粒中有各种不同的扰动。

八十八、第一元素的速度最小的精细微粒将扰动传递给其他微粒,并将一个微粒固着在另一个微粒上面。

八十九、这些互相固着在一起的精细微粒主要出现于第一元素物质,它们从电磁极流向涡流的中心。

九十、这些精细微粒的形式是什么?我们以后将称其为有纹的微粒。

九十一、这些来自对立极的微粒是以相反的方向缠绕在一起的。

九十二、这些微粒的表面只有三条纹。

九十三、除了有纹微粒和一切微粒中最小的微粒,在第一元素中还有其他一些大小不同的微粒。

九十四、太阳或星体表面的黑子是如何从这些微粒形成的?

九十五、这些黑子的主要特征是由什么引起的?

九十六、这些黑点如何消失,新的黑点如何生成?

九十七、为什么虹的颜色出现在某些黑子的边缘？

九十八、太阳黑子如何转变为太阳光斑，或相反太阳光斑转变为太阳黑子？

九十九、黑子消解为某一种类的微粒。

一〇〇、环绕太阳和星体的以太如何从这些微粒产生？这个以太和这些黑子属于第三元素。

一〇一、黑子的产生和消解乃由于极不确定的原因。

一〇二、一个黑子怎么遮掩某一整个星体？

一〇三、为什么太阳有时显得朦胧不清，为什么星体不总是显得一样大？

一〇四、为什么某些恒星消失了，或重新出现了？

一〇五、太阳黑子上有许多通孔，有纹微粒很容易穿过它们。

一〇六、这些通孔是怎么排列的，为什么有纹微粒不能穿过这些通孔返回？

一〇七、为什么来自一电磁极的微粒不能像来自另一电磁极的微粒那样穿过同一通孔？

一〇八、第一元素的物质如何穿过这些通孔流出？

一〇九、其他通孔也与这些通孔相交叉。

一一〇、一个星体的光几乎不能穿过一颗黑子。

一一一、一颗新星如何突然出现在天空？

一一二、一颗星如何慢慢消失？

第三编 论可见的世界

一一三、在所有黑子上面，许多通孔都有有纹微粒。

一一四、同一星体可出现和消失多次。

一一五、有时其中心有一星体的涡流可能毁灭。

一一六、在许多黑子围绕这个星体聚集起来之前，这个涡流怎么可能毁灭呢？

一一七、在一个涡流毁灭之前，怎么可能有非常多的黑子围绕一个星体呢？

一一八、这许多黑子是怎么产生的？

一一九、一颗恒星如何变为一颗彗星或一颗行星？

一二〇、当恒星不再是恒星时，它向何运动？

一二一、我们如何理解物体的固态及其扰动？

一二二、固态不仅依赖它由之构成的物质，而且依赖大小和形式。

一二三、天体小球如何能比整个星体更坚固？

一二四、这些小球如何也能不如星体坚固？

一二五、有些小球为何比一颗星更坚固，有些却不如一颗星坚固？

一二六、彗星运动的起源。

一二七、彗星运动通过不同涡流而继续。

一二八、彗星的主要现象。

一二九、这些现象产生的原因。

一三〇、恒星的光如何能远及地球？

一三一、恒星是否即是在其真实位置上的状况？苍穹是什么？

一三二、当彗星处于我们天宇之外时，我们为什么看不见它们？附带地说一下，为什么煤是黑的，而煤灰却是白的。

一三三、关于彗星尾及其各种现象。

一三四、使彗星尾出现的折射是怎样的？

一三五、对这个折射的解说。

一三六、对彗星尾出现的解说。

一三七、光束怎么出现的？

一三八、为什么彗星尾并不永远在与太阳相反的方向上出现，也不永远直接向着太阳出现？

一三九、为什么彗星尾不在恒星或行星周围出现？

一四〇、行星运动是如何开始的？

一四一、决定行星运动持续的原因有五，第一个原因。

一四二、第二个原因。

一四三、第三个原因。

一四四、第四个原因。

一四五、第五个原因。

一四六、行星是如何形成的？

一四七、为什么有些行星比其他行星距离太阳更远，这不仅取决于它们的大小？

一四八、为什么距离太阳更近的那些行星比其他行星运动得更快，然而它们的黑子却运动得最慢？

一四九、为什么月亮绕地转动？

一五〇、为什么地球绕轴自转？

一五一、为什么月亮的运动比地球快？

一五二、为什么月亮总以其尽可能近的侧面转向地球？

一五三、为什么月亮在朔日比在上下弦时上升得更快，更少逸出平均运动，为什么它的天宇不是圆的？

一五四、为什么接近木星的次级行星运动的如此之快，而接近土星的那些行星则运动的如此之慢，或者完全不运动？

一五五、为什么赤道和黄道的电磁极彼此相距如此之遥？

一五六、为什么它们渐渐彼此接近？

一五七、在宇宙物体的运动中观察到的所有变化的最后和最普遍的原因。

第四编 论地球

【中译者按:从第一节—第一八七节仅译各节的标题】

一、我们已经使用过的假设,我们这里依然保留,以解释地球上事物的真实本性。

二、按照这个假设,地球是如何产生的?

三、地球分为三个区域。对第一区域的描述。

四、对第二区域的描述。

五、对第三区域的描述。

六、存在于这第三区域的第三元素微粒必然是非常之大的。

七、这些微粒可被第一元素的第二元素所改变。

八、它们大于第二元素的小球,但是较不坚固,较少转动。

九、从一开始,它们就围着地球互相挤压着。

十、这些微粒之间留下的各种各样的空隙,被第一元素和第二元素的物质所填满。

十一、第二元素的小球最初较小，但它们离地球中心更近。

十二、它们之间有比较狭窄的通道。

十三、第三区域厚实的部分并不永远在稀薄的部分下面。

十四、关于地球第三区域各种物体之最初形成。

十五、这些物体因之而被创造的活动；第一活动，天体小球的普遍运动。

十六、第一活动的第一效果：它使得物体成为透明的。

十七、坚固和强硬的物体怎么可能有足够的通道让光线穿过。

十八、第一活动的第二效果：它把某些物体与其他物体分离开来，而且使液体净化。

十九、第三效果：它使液体滴珠成为圆形的。

二十、对第二活动的解说，这一活动使物体有重量。

二十一、地球的各个部分，单个地看，不是重的，而是轻的。

二十二、天体物质的轻何在？

二十三、地球的一切部分都被天体物质往下拉，因而变成重的。

二十四、每一物体有多重？

二十五、每一物体的重量并不总是其物质的重量。

二十六、为什么物体在其自然位置上不受重力吸引?

二十七、重把物体向下拉向地球的中心。

二十八、关于第三作用,亦即光。它如何扰动空气的微粒。

二十九、关于第四作用,亦即热。热是什么,当光已移开时,热何以仍继续?

三十、为什么热比光渗透得更深入?

三十一、它怎么稀释或浓缩物体?

三十二、为什么地球的最高区域首先分别为两种不同的物体?

三十三、地球上的微粒分为三个种类。

三十四、第三物体是如何在前两种物体间形成的?

三十五、这个物体只由一类微粒组成。

三十六、这类微粒有两种。

三十七、物体C的最低部分如何分为若干其他物体?

三十八、第四物体如何在第三物体之上形成。

三十九、关于第四物体之增长和第三物体之净化。

四十、第三物体如何减少质量,而且在它和第五物体之间留下某种空间?

四十一、它在第四物体中造成了多少裂隙?

四十二、第四物体如何分裂为各个部分?

四十三、第三物体如何会有一部分上升到第四物体之上，而有一部分仍留在下面？

四十四、因此，山脉、平原、海洋等等都出现在地球的表面。

四十五、空气的本性是什么？

四十六、为什么它很容易稀释，又很容易浓缩？

四十七、它在某些机器上的压力来自于何处。

四十八、关于水的本性，为什么它有时转化为空气，有时又转化为水？

四十九、海洋的潮汐。

五十、为什么海水 $6\frac{1}{5}$ 小时涨潮一次，$6\frac{1}{5}$ 小时退潮一次？

五十一、为什么在月圆或新月时海洋的潮汐量大？

五十二、为什么海洋潮汐在昼夜平分时最大？

五十三、为什么空气和水总是从东向西流？

五十四、为什么东部海洋区域，虽在同一纬度，却比其他区域温和？

五十五、为什么在湖泊或沼泽地带没有潮汐现象？为什么潮汐在不同海岸不同时间发生？

五十六、人们如何能解释具体潮汐之间的不同？

五十七、关于地球内部的本性。

五十八、关于水银的本性。

五十九、热是不均等地进入地球内部的。

六十、关于这个热的作用。

六十一、关于酸液和酸性物质，鞋匠的黑皮鞋油、明矾等等就是用它们制作的。

六十二、关于沥青、硫磺等油质物质。

六十三、关于化学元素，以及金属进入矿物的方式。

六十四、关于地球的外表，关于水泉的起源。

六十五、为什么海洋并未因江河流入而更浩渺博大。

六十六、为什么大多泉水不是咸的，海水也没有变成甜的？

六十七、为什么有些井水是咸的？

六十八、为什么有些高山有盐？

六十九、关于硝酸盐和其他种盐之不同于海盐。

七十、关于蒸气、精灵、呼气之由地球内部升至地球外表。

七十一、从它们的各种各样的混合，如何产生出各个种类的石头和其他种类的矿物质？

七十二、金属如何从地球内部达于地球外表，朱砂是如何制成的？

七十三、为什么在地球的有些地方未发现金属？

七十四、为什么它们主要发现于南向和东向的山麓？

七十五、所有的矿物都在地球外表；开矿不可能挖至地球内部。

七十六、关于硫磺、沥青、粘土和石油。

七十七、地震是如何发生的？

七十八、为什么火从某些高山喷发出来？

七十九、为什么在一次地震中常常发生多次震动；在这种情况下，震动会持续几小时或几天。

八十、关于火的本性，火和空气的区别。

八十一、火最早是如何产生的？

八十二、火是如何被保存的？

八十三、火为什么需要燃料？

八十四、人们怎么能用燧石敲出火来？

八十五、火是如何从干燥的树木燃烧起来的？

八十六、人们如何用凸透镜采集太阳光产生火？

八十七、火如何仅仅由一个异常激烈的运动而产生？

八十八、火如何由不同物体的混合而产生？

八十九、火是如何由闪电和流星产生的？

九十、火在那些发光但不燃烧的事物中是如何产生的，例如，在堕落的星体中？

九十一、火在海水的水滴、腐烂的木头和类似的事物中是如何产生的？

九十二、火在那些发热但不发光的事物如干草堆中是如何产生的？

九十三、火在洒过水的石灰和其他事物中是如何产生的？

九十四、火在地球的洞穴中是如何被点燃的？

九十五、一支蜡烛如何燃烧？

九十六、火如何在蜡烛中保存？

九十七、为什么蜡烛的火焰是尖的，而且从那里冒出烟来？

九十八、空气和其他物体如何助燃火焰？

九十九、关于空气趋向火的运动。

一〇〇、关于使火熄灭的物体。

一〇一、为使一物体对于火有助燃作用，需要什么？

一〇二、为什么来自酒精的火焰烧不着湿的棉麻布？

一〇三、为什么酒精非常容易燃烧？

一〇四、为什么水极难燃烧？

一〇五、大火的力量因向它泼水或盐而大增。

一〇六、哪类物体是容易燃烧的？

一〇七、为什么有些物体燃烧有火焰，有些则没有？

一〇八、为什么火在烧红的炭里还保留些时候？

一〇九、火药是由硫磺、硝石和木炭制成的，首先是硫磺。

一一〇、关于硝石。

一一一、关于硫磺和硝石的化合。

一一二、关于硝石微粒的运动。

一一三、为什么火药的火焰的爆发是巨大的，特别对上方的物体影响尤大？

一一四、关于木炭的本性。

一一五、人们为什么将火药变成粒，其威力在于什么？

一一六、关于还将燃很长时间的油灯。

一一七、关于火的其他效应。

一一八、哪些物体在放近有火的地方之后会变成液体且可以煮沸？

一一九、哪些物体变干变硬了？

一二〇、人们如何通过蒸馏得到各种水？

一二一、关于提纯和加油。

一二二、火的大小变了，它的结果也就变了。

一二三、关于石灰。

一二四、关于玻璃，它是如何制造的？

一二五、玻璃的微粒是如何结合在一起的？

一二六、为什么玻璃在白热状态时，它是液体，而且很容易采取一切形状？

一二七、为什么当其变冷时，它却非常之硬？

一二八、为什么玻璃是极脆的？

一二九、如果玻璃慢慢变冷，它为什么就不那么易碎了？

一三〇、玻璃为什么是透明的？

一三一、人们如何将玻璃变成有色的？

一三二、为什么玻璃像一支弓那样是刚性的事物，为什么一般来说刚性事物成弯曲状时，能自发地还原为其先前的形状？

一三三、关于磁石，重述一下前已言及的那些事物，这对于解说磁石是必要的。

一三四、无论在空气中还是在水里都没有适合通过有纹微粒的通孔。

一三五、除了在铁里，在地球外表的其他物体中都没有通孔。

一三六、为什么铁里有这些通孔？

一三七、为什么铁的碎片里也有这些通孔？

一三八、这些通孔怎么制作得能使有纹微粒从任何方向过来？

一三九、磁石的本性是什么？

一四〇、钢和铁是如何通过冶炼而成的？

一四一、为什么钢非常硬、非常刚、非常脆？

一四二、钢和别种铁的区别是什么？

一四三、钢是怎样炼成的？

一四四、磁石、钢、铁的通孔的区别是什么？

一四五、磁力的特性。

第四编 论地球

一四六、有纹微粒如何通过地球的通孔流动？

一四七、有纹微粒通过空气、水和地球外表流动要比过通过地球内部流动困难得多。

一四八、它们通过磁体要比通过地球外表的其他物体更容易一些。

一四九、磁石的电磁极是什么？

一五〇、为什么这些电磁极转向地球的电磁极？

一五一、为什么它们也以一定的角度向其中心倾斜？

一五二、为什么一磁石会以转向地球的同一方式转向另一磁石？

一五三、为什么两个磁石互相接近，它们每个活动的范围是什么呢？

一五四、为什么它们有时又彼此相斥呢？

一五五、一个磁石切片的诸部分，在切割之前是联结在一起的，为什么切割之后也彼此相斥呢？

一五六、为什么先前在同一磁石中两个相接的部分在磁石分割后变成相反磁力的两个极。

一五七、为什么磁石每个部分的磁力和整个磁石的磁力是一样的。

一五八、为什么一磁石将其磁力传达给在其附近的铁？

一五九、为什么铁按其被带近磁石的各种方式用不同的方法接受磁石的力？

一六〇、为什么铁的长方形碎片除了沿其长度不能接受这种力？

一六一、为什么磁石将其磁力传达给了铁，却未丧失其磁力？

一六二、这个磁力传达给铁非常之快，但为什么它在铁上会稳定存在一段时间？

一六三、为什么钢比劣质铁更适于接受磁力？

一六四、为什么质量更好的磁石比质量较差的磁石能更好地传达磁能给钢？

一六五、为什么甚至地球本身也能给予铁以磁力？

一六六、为什么地球的磁力比小磁石的弱？

一六七、为什么磁针的针端总是有磁力极？

一六八、为什么磁力极不直接朝向地球的磁力极，而是以各种方式倾斜变化？

一六九、为什么这种变化甚至随时间而改变？

一七〇、为什么当一磁石垂直立于其一磁极上时，这种倾斜要比其磁极离地球等距离时小些？

一七一、磁石为什么吸铁？

一七二、为什么吸附了东西的磁石比没吸附东西的磁石可以吸更多的铁？

一七三、为什么吸附了东西的磁石的磁极虽然是反的，却能在吸铁上互相帮助？

一七四、为什么将铁轮吊起的磁石的磁力没有阻止铁轮的转动？

一七五、一磁石的力如何和为何增加或降低另一磁石的力？

一七六、为什么一块磁石，不论其磁力多么强，都不能把一块磁力弱的磁石旁的铁吸引到自己这边来？

一七七、为什么一块磁力弱的磁石或一块铁可以将一块铁从一更强的磁石那里吸走？

一七八、为什么在北方区域，磁石的南极比北极更强？

一七九、磁石周围的铁屑如何分布？

一八〇、为什么一块铁板与磁石的磁极连在一起就会阻止其吸引或转动铁的力量？

一八一、为什么没有任何其他物体的插入会阻止其如此？

一八二、为什么一个磁石处在不恰当的地方磁力会逐渐变弱？

一八三、为什么生锈、潮湿、发霉会减低磁力，而烈火则会完全去除它们？

一八四、关于琥珀、蜡、树脂及类似事物的吸引力。

一八五、玻璃的这种吸引力的原因何在？

一八六、在其他物体中也看得到这种类似的原因。

一八七、从前面所言可见，其他一切美妙结果的原因我们都可归之于那些隐秘的性质。

【中译者按：以下各节为全文翻译，第一八八节—第二〇七节】

一八八、为了增进关于物质事物的知识，我们必须利用的拙著论动物和人的论述。

对于《哲学原理》的第四编，我不应做更多的补充，我原先的意图是写作另外的部分，即第五编和第六编。第五编是讲生物，讲动物和植物，第六编是讲人。但是我对这两编要讨论的东西还不是很清楚，我不知道能否有充足的时间去完成它们，因此我要在此补充一点关于感官对象的东西，以免这两部分拖太长时间从而使我安排要讲的没有讲成。到现在，我已经叙述了地球、全部可见的世界，它们好像是一架机器，除了形状和运动没有什么可说的，然而我们的感官呈现给了我们其他的事物，例如颜色、气味、声音以及诸如此类的事物。我若是不谈它们，人们会认为我忽视了对自然对象的解释的这个主要部分。

一八九、什么是感觉？感觉是如何发生的？

因此我们一定知道，人的心灵虽然〔与整个身体结合在一起〕①，然而它在大脑中还有一主要位置，它在这里不仅理解和想

---

① 依据法文本。——译者

象，而且感知。心灵通过像细丝一样从大脑延伸到其余所有肢体的神经进行感知。心灵和神经彼此之间联系得如此密切，以致我们触动人体的任何部分必定引起某些神经末梢的激动，必定将这种激动传送给聚集在大脑中心灵主位周围的那些其他神经末梢，有如我在《屈光学》第四章中详细阐述过的。但是，神经在大脑中激起的这些运动按照运动的不同以不同的方式影响心灵，而心灵和大脑是直接联系在一起的。这些运动在我们心灵或思想上直接产生的感应，就是所谓的"感官知觉"，或如普通所说"感觉"。

一九〇、不同种类的感觉；首先是内感觉，即心灵和自然欲望的感情或情绪。

感觉的多样首先取决于神经本身的多样，亦取决于个人神经中发生的运动的多样。然而，我们没有像个人神经那样多的个人感官。我们只要把感官区别为七大类就够了，其中两类属于内感官，五类属于外感官。那些由达及胃、食道、喉咙以及其他意在满足自然需要的内在器官的神经构成的内感官，被称为自然欲望。那些达至心脏及其周围的细微神经则构成另一个内感官，其中包括情绪、感应和心灵的所有其它情感，如快乐、悲哀、爱、恨等等。举一个例子，当血液纯静、体温正常时，会比平时更轻快有力地推动和扩张分布在心脏口的细微神经，使得大脑中有一相应的运动，这一运动则使我们的心灵感到自然的欢乐。由于这些神经总是以相同的方式运动，所以它们即使由其他原因而起，也在我们这里引起同样的感受。因此虽然想象某种令人愉悦的东西本身并不包含快乐的感觉，但是它能将动物精气（animal spirit）从大脑传到肌肉，而这些神经即处在这些肌肉中；然后通过扩张心脏口，它使这些细微神经以一种必会产生快乐感的方式发生运动。因此，当我们听到什么消息时，心灵是第一个裁判者，如果消息是好的，心灵就会带着理智的快乐高兴起来，而理智的快乐无赖于肉体的情感，就是斯多葛派哲学家也不否认他们的智者有这种快乐。这种精神的快乐一旦从理智的变成想象的，精气就从大脑流向心脏周围的肌肉，并刺激那里的微细神经，从而在大脑中引起另一种运动而使心灵产生快感。相似地，当血液过浓不能顺畅地流入心室，在那里没有充分地舒张时，就会使微细神经有另外一种运动，这种运动传达于大脑会使心灵有一种悲伤感，尽管心灵本身也许未必知道它为什么悲伤；许多其他原因也可能引起这种悲伤。但是这些细微神经的其他运动则产生其他效果，例如爱、恨、怕、怒等等，这是就其仅为心灵的感应或情感而言的。若就其非仅来自心灵而是混合的思想而言，这些毋宁说是心灵与之密切结合在一起的身体所经验的东西。因为这些情感和我们关于应被爱、被选择或被避开的东西的思想是完全不同类的。自然的欲望，例如饿、渴等等同样是胃、喉的神经刺激心灵而产生的感觉，它们完全不同于我们要吃、要喝等等的意愿，但是因为这种意愿几乎总是伴随着这些感觉，所以被称为欲望。

一九一、关于外感觉。首论一切触觉。

关于外感觉，通常认为有五种，因为有五种不同的对象刺激感官神经，而且因为这些神经的运动在心灵中激起的杂乱思想同样是五种。首先，神经止于整个身体的皮肤。皮肤是一个中介，神经通过它可以接触到任何物质物体，并且一方面可被物体的硬度推动，另一方面可被其重量推动,再一方面可被其热量、湿度等等推动。这些神经以多少方式被推动,或它们通常的运动以多少方式被阻止,它们在心灵中激起的感觉就有多少种,也就有了相等数目的触觉性质的名称。除此之外,当这些神经较日常更强地被触动而无伤于物体时,会产生使心灵自然感到适宜的愉悦之感,因为它证明了心灵与之密切结合的身体的能力。但是这个行为若是有点过分,有伤于身体,那就会使我们有痛感。由此可见,生理的苦乐的感觉虽是截然相反的,但是,产生它们的对象却是相似的。

一九二、论滋味。

其次,其他神经分布在舌及其周围,分别由同一物体的微粒所推动,这些物体互相分离,漂浮于口腔的唾液中,因此,各种滋味就按照这些物体的形状产生出来。

一九三、论气味。

第三,有两种神经或附属于大脑的神经(它们不超出头盖骨)是受彼此分离并飞动于空气中的物质微粒的推动,它们并不是受任何微粒的推动,而是只受那些吸入鼻孔的、精微而充满活力微粒的推动,这些微粒通过海绵骨的骨孔而抵及神经。这些微粒的各种不同的运动引起了不同的气味感觉。

一九四、论听觉。

第四,另有两种神经隐于耳的内室,接受整个周围空气的震颤和振动。空气刺激中耳膜,同时震动附在耳膜上的小骨,这些神经就依附在小骨上。这些震动的不同引起不同的声音感觉。

一九五、论视力。

最后,视神经末端形成的眼睛膜称为视网膜,它不为空气所动,也不为其他物质对象所动,而仅为第二元素的小球所触动,我们由此得到光和色的感觉。我已在《屈光学》和《流星体》中对此详细讲述。

一九六、心灵只有在大脑中时才有知觉。

人们不难证明,心灵不是在身体的四肢而是在大脑感觉那些影响身体的事物;在大脑中神经通过其运动将触及身体各部分的外间对象的各种作用传达给心灵。这是因为,首先,有好多病虽然只影响大脑,却搅乱或消除我们的整个感觉,比如睡眠虽然仅影响大脑,但是它在每天的很多时间都让我们没有知觉能力,直到醒过来才恢复。其次,大脑虽然是健全的,但如果从外部肢体到大脑的神经通道被阻塞了,那么,外部肢体的感觉就会消失。最后,我们有时好像在我们某些肢体感觉到痛,然而它的原因并不在我们感觉痛的肢体处,而是在其他肢体处,神经通过这些肢体从感觉痛的肢体抵及大脑。对此,我可以无数的实验加以证明,但我们在此仅需给出一个就可以了。有一个女孩,手被严重疾病感染了,外科医生来看她的时候,她的眼睛被蒙着,以免受到惊吓,几天后,由于坏疽扩散到肘,肘以下都截去了。截肢的地方用布遮盖住,以便让她不知道没有这部分了。她有时会抱怨说,她感到这个或那个手指头疼,而它们已被截去了。发生这样的事情明显只能是因为,原先从大脑达至手的神经，后来只到了肘部，但是其功能还是像以前一样，受到刺激，使得心灵将疼感置于大脑的这个部分或那个部分。这清楚地表明，手上的疼被心灵感受到不是因为它在手上，而是因为它在大脑中。

一九七、心灵具有这样一种本性：它之中的感觉只能由身体的运动引起。

事实证明，我们的心灵具有这样一种本性：仅仅是身体的活动就可以使它具有一切种类的思想，尤其是被称为感觉或感受的混杂的思想，而这些思想并不带有引起它们的运动的任何影像。首先，我们看到，语词无论是以声音发出还是以笔写出，在我们的心灵里都激起各种思想和情感。在同一张纸上用同样的笔和墨，让笔尖以某种方式移动，我们可以写出关于战斗、暴风雨或狂怒的思想，以及愤慨和悲哀的情感；让笔尖以另一种方式移动，则可以写出大不同的思想，例如，关于宁静、和平、愉快的思想，以及与前正好相反的爱与快乐的情感。有些人或许会回答说，写作和言语并不直接在心灵激起与字母和声音不同的情感和形象，而只是引起各种不同的理智活动；心灵由此形成多种多样的事物的形象。但是，对于所谓痛苦和快乐的感觉我们又怎么说呢？如果一把剑刺伤了我们的身体，产生了疼，这个疼显然不同于剑的局部运动或被刺身体的局部运动，正如颜色、声音、气味、滋味之不同于产生它们的运动一样。我们明白看到，我们身体的某个部分仅仅由于同某些物体接触就产生疼感。我们可以推知，我们的心灵具有这样一种本性，某些局部运动可能在心灵中激起属于其他感官的感觉经验。

一九八、我们通过感官只能感知到外间对象的形状、大小和运动。

进一步说，我们看不到神经之间有任何差异会使我们判断，某些神经而非其他神经从外感官把某种东西传送给大脑，而且除了传送神经自身的局部运动不传送任何东西给大脑。我们看到，这种局部运动不仅在我们身上激起苦乐的感觉，而且激起声音和光的感觉。如果我们的眼睛受到狠狠一击，击到了视网膜，我们就会看见无数的火花；当我们以手指塞住耳朵时，我们会听到沙沙声，其原因只能是闭在耳内的空气的鼓动。最后，我们也可能时常看到，在对象中的热和其他可感性质，以及纯物质物体的形式，例如火的形式，是由其他物体的运动引起的，而且这些物体又在其他物体中产生其他运动。我们也许完全可以，一个物体的运动如何能够引起另一物体的运动，并引起其大小、形状和位置的变化。但是我们绝对不能理解同一的事物（即大小、形状和运动）如何会产生本性与自身全然不同的东西，例如许多人认为存在于物体中的实体形式和实在性质。我们也不能理解，这些形式或性质如何有足以引起其他物体运动的力量。既然如此而且我们知道，我们的心灵具有这样一种本性：物体的各种不同运动足以在心灵中产生它所具有的一切各种不同的感觉，而且如我们根据经验看到的，某些感觉确实是由这些运动所引起的，虽然我们只能感知到这些从外感官到达大脑的运动，我们可以得出结论说，外间对象中的事物，我们称之为光、颜色、气味、滋味、声音、热、冷以及其他可感的性质，乃至我们所谓的实体形式，就我们所见，不过是这些对象的各种不同的配置，这些对象有能力以各种不同的方式刺激我们的神经。

一九九、没有一种自然现象没有在本论著中论述过。

因此，经过简单列举，可以推知，我在这个论著中没有遗漏任何一种自然现象。因为除了被感官感知的东西之外，没有任何东西被列入自然现象。除了我曾解释为存在于每一物体的运动、大小和形状之外，我们通过感官感知到的我们之外的事物就只有光、颜色、气味、滋味、声音和其他可感的性质；我刚才已经证明，就我们所知，它们全都不过是由大小、形状和运动组成的对象的某种配置而已。

二〇〇、我在此著中所述原理没有一条不是众所公认的，而且我们这种哲学不是新的，而是最古老和最普通的。

但是，我也希望，人们会看到，我在这里虽然试着对物质事物的全部本性提供一种解释，然而我所使用的原理没有不是亚里士多德和各个时代其他哲学家所赞同的，所以，这个哲学不是新的，而是最古老和最普通的。因为我只考虑每个物体的形状、运动和大小，并且根据无数经验所证实的力学规律，考察物体相互结合必然会有什么结果。无人曾经怀疑，物体是混合的，有各种各样的大小和形状，其运动根据大小和形状的不同而不同，而且随着它们的相互碰撞，那些较大的物体被分解为许多较小的物体，因而改变它们的形状。我们不仅根据单一感官对此有所经验，而且通过若干感官例如触觉、视觉、听觉等而有此感知。我们还清楚地想到和理解这一点。不过,对于我们感官所及的另一些东西,例如颜色、声音之类,就不能这样说了,它们不是由几种感官所感知,而是只由单一的感官感知的。它们的影像在我们的心灵中总是混杂的,而且我们也不知其究为何物。

二〇一、某些可感物体是由不可感的微粒构成的。

我认为,每个物体都有许多微粒,是我们的感官感知不到的。有些人也许不赞成这个看法,他们把自己的感官当作他们可认知的事物的尺度。但是在我看来,认为知识不能超出感官是完全错看了人类理性。因为任何人都不会怀疑,有些物体如此之渺小,以致它们不可能为我们的任何感官所感知。我们只要考虑一下那些在一点一点增长的物体每一瞬间正加增什么,那些在一点一点缩减的物体每一瞬间正减少什么,就会知道物体有极渺小的不可感知的微末之物了。我们日复一日看着一棵树在生长,除非认为有某种物体加大了它,否则就不能理解它怎么会变得比原来大了。但是有谁曾经感知过每日加给正在生长的植物的微小物体呢?至少那些主张量是可无限分的人应当承认微粒可能变得如此之小以致成为绝对觉察不到的。我们不能感知极精微的物体,对此无须惊奇,因为必定被对象触动而使我们发生感知的神经不是极其精细的,而是有如一些细丝,由大量还更微小的纤维组成,因此它们不可能被最精微的物体所触动。我也不相信,任何运用其理性的人会否认,按照感官可感知的大物体中发生的情况来判断因为极其细微不能被感官感知的小物体中的情况远胜于为了解释被感知的东西,设想一些与被感知的东西没有相似之处的我不知其为何物的新东西比如原初物质、实体形式，以及其他许多人们习惯认为存在的性质，这些比我们用它们来解释的东西更难理解。

二〇二、德谟克利特哲学不仅不同于我们的哲学，亦有异于通常的哲学。

德谟克利特也想象有微小的物体，它们具有各种不同的形状、大小和运动，它们的聚集和结合产生一切可感物体。然而，他的哲学却遭到了普遍的反对。我认为人们反驳他的哲学并不是因为他的哲学主张有些物体小于感官可感的物体，而且赋予它们各种大小、形状和运动，因为没有人能怀疑事实上确有许多这样的物体，如我们已经指出的。人们反驳这个哲学是因为，首先，它假设那些微小物体是不可分的，对这个假设，我也完全反对。其次，它想象有一个虚空包围着物体，我认为这是不可能的。第三，它把重量归之于物体，而我否认物体就其自身来看有重量，因为这个性质依赖于物体间相互的位置和运动的关系。最后，他没有详细说明所有的事物怎么会仅仅由于微小物体的相互遇合而产生出来，或者他即使对某些事物做过这样的说明，他的论证也不是在一切情况下都是连贯一致的；如果我们根据记载下来的说法来判断他的意见，至少可以做这种判断。我留给他人去判断我在哲学方面所写的东西是否具有充分的连贯一致性，是否能够从中得出丰富的结论。至于形状、大小、运动的问题，亚里士多德和所有其他人都接受了，德谟克利特也接受了，我虽然反对德谟克利特提出的一切意见，但并不反对这一点。我既实际上反对其他人提出的一切意见，显然我的哲学思维方法既不同于德谟克利特，也不同于任何其他学派。

二○三、 我们如何才能获得关于不可觉察的物体微粒的形状〔大小〕、运动的知识？

我既然确定不可觉察的物体微粒有一定的形状、大小和运动，仿佛我亲眼所见那样，然而我又承认它们是不可感的，有人也许会问我是如何获得它们的知识的？对此我的回答是：我首先考察自然置于我们理智中的最简单、最清楚的原理，并以之考察那些因其太小而不可感知的物体的大小、形状和运动之间可能有的主要差别，以及它们汇合在一起可能产生的可感的效果。然后，当我发现我们感知的物体中有相似的效果时，我就认为它们是由这些物体的类似汇合产生的，尤其是在人们看起来提不出别的解释方法的时候。对于此，人工制造的某些物体给了我很大的帮助，因为我看不出这些人工物体和自然物体之间有什么区别，除了人工物体的大部分效果依赖于工具的操作，这些工具由于是人制造的，就必然大得能容易地为感官所感知。反之，自然原因的效果几乎总依赖于某种微小得不可感知的东西。可以肯定地说，没有任何力学规律不适用于物理学，力学构成物理学的一个部分或者说是它的一个种类。因此，一切人工的，也是自然的。一块钟表由若干齿轮制成，指示钟点，同一棵树从这个那个种子长出，产生某种果实，是一样自然的。因此，正如那些专心思考自动装置的人那样，当他们知道了一种机器的用途及其某些部件时，就很容易由此推想他们不曾见过的其他机器的制造方法，于是我就根据对自然物体的可感效果和部分的思考，力求发现它们所包含的那些不可察觉的原因和不可感知的部分的本性。

二〇四、至于我们的感官不能感知的事物，我们只要说明它们可能的存在，就足够了，即使它们并不如我们所描述的那样，而这正是亚里士多德曾要做的。

虽然我曾指出，所有的自然事物可能如何生成，但我无权由此做结论说，它们就是这样产生的。因为同一工匠可能制作两块钟表，二者完全等时指示钟点，外表也完全相似，但是内部由完全不同的小齿轮组成。因此，毫无疑问，万物最伟大的技艺家能以纷繁多样的方式创造所有事物。我的确非常乐意承认这是真的，而且我会认为如果我写的东西确是符合于一切自然现象的，那么我的目的就达到了。这确实能满足日常生活的需要，因为医学和力学以及一切其他可借助物理学改进的技艺的唯一的目的是可感知的效果，因而应当算作自然现象。为了避免使人们以为亚里士多德曾经做过或曾想要做比这更多的事情，我们一定要记得，亚里士多德在《气象学》第一卷第七章开头说过，关于感官未能感知的事物，他认为只要他指出它们能像他解释的那样，他就给它们提供了充分的解说和证明。

二〇五、万物皆如其所是，这是一种事实的确实性。

为了避免发生对真理的伤害，我们首先必须了解有一种事实的确实性（moral certainty），这种确实性对日常生活行为是足够的。不过若与上帝的绝对权力相比，事实的确实性或许是不确定的。未曾访问过罗马的人不怀疑它是意大利的一个城市，虽然他们从其听说罗马的那些人很可能都欺骗了他们。又如，若有一个人想解读未按正常字母顺序写下的拉丁文文字的意义，在解读的时候将所有 A 读作 B，将所有 B 读作 C，以此类推，将每一个字母都读作后一个字母；如果他在这样做时发现，这样一些字母组成的语词有意义，就会认为这是文字的真正意义，尽管他仅是凭猜测而知道这一点的，尽管有可能写作者不是按照这样的顺序安排字母的，而是按照其他顺序安排字母的，因此隐藏了其他的意义。这是不太可能发生的（尤其是密码包含许多语词的情况下），因而几乎是不可信的。有些人注意到我们在此从少数几个原理推出了如此多关于磁石、火和整个世界的结构的东西，因此，他们尽管认为我采取这些原理是随意的，没有充分根据的，还是承认，如果这些原理是错的，这么多推论不可能会一致。

二〇六、我们甚至不止拥有一种事实的确实性。

另外，我们认为甚至在自然事物中也有一些绝对的而不止是事实的确实性，这种确实性基于形而上学根据：上帝是最高的善而且绝不会欺骗，他赋予我们了区别真假的能力，只要我们正确地使用这一能力，并且借助它清晰地感知事物就不可能会错。数学的证明是如此，关于物质事物存在的知识是如此，对物质事物所做的一切明白的证明亦是如此。在这些真理中，在我看来，这部论著所得到的那些结论都应该算在其内，如果它们被认为是在一系列论丛中从第一个和最简单的人类知识原理取得的。如果人们充分地认识到，我们不可能感知任何外间对象，除非它们刺激我们的神经引起某种局部运动，而且这种运动不可能由恒星引起，因为它们距离我们无限遥远，除非在恒星以及介乎其间的整个天宇中也有某种运动这一点就更是如此了。既然这些事实已被承认，那么，对于所有其余的现象，尤其是我所描写的世界和地球的一般特征，除了以我提出的方法否则是不能给以合理地解释的。

二〇七、谨呈教会权威，我的一切意见悉听裁决。

同时我自知地位低微，不敢妄断一切，故将所有意见皆诉之于教会权威，求断于智高于我者；我不希望有任何人相信我写的任何东西，除非他本人为理性的力量和证明所信服。

图书在版编目(CIP)数据

哲学原理/(法)笛卡尔著;陈启伟译.—北京:商务印书馆,2023(2025.1重印)
ISBN 978-7-100-21212-0

Ⅰ.①哲… Ⅱ.①笛… ②陈… Ⅲ.①哲学理论—法国—近代 Ⅳ.①B565.21

中国版本图书馆 CIP 数据核字(2022)第 086165 号

权利保留,侵权必究。

哲学原理

〔法〕笛卡尔 著
陈启伟 译

商务印书馆出版
(北京王府井大街36号 邮政编码100710)
商务印书馆发行
北京市十月印刷有限公司印刷
ISBN 978-7-100-21212-0

| 2023年2月第1版 | 开本 850×1168 1/32 |
| 2025年1月北京第5次印刷 | 印张 3½ |

定价:35.00元